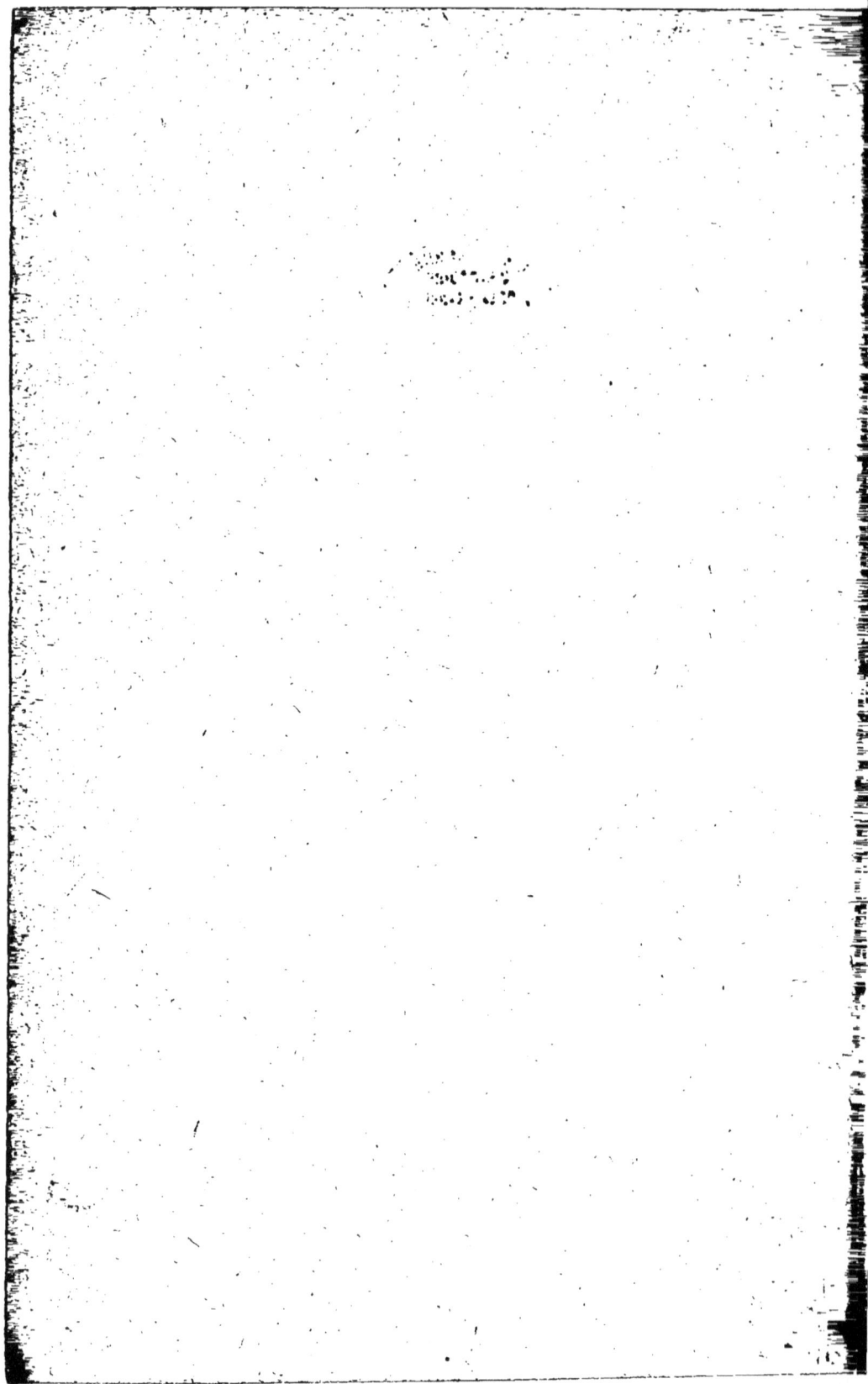

LE

SIÈGE DE BELFORT

PAR

L. DUSSIEUX

LÉOPOLD CERF, ÉDITEUR

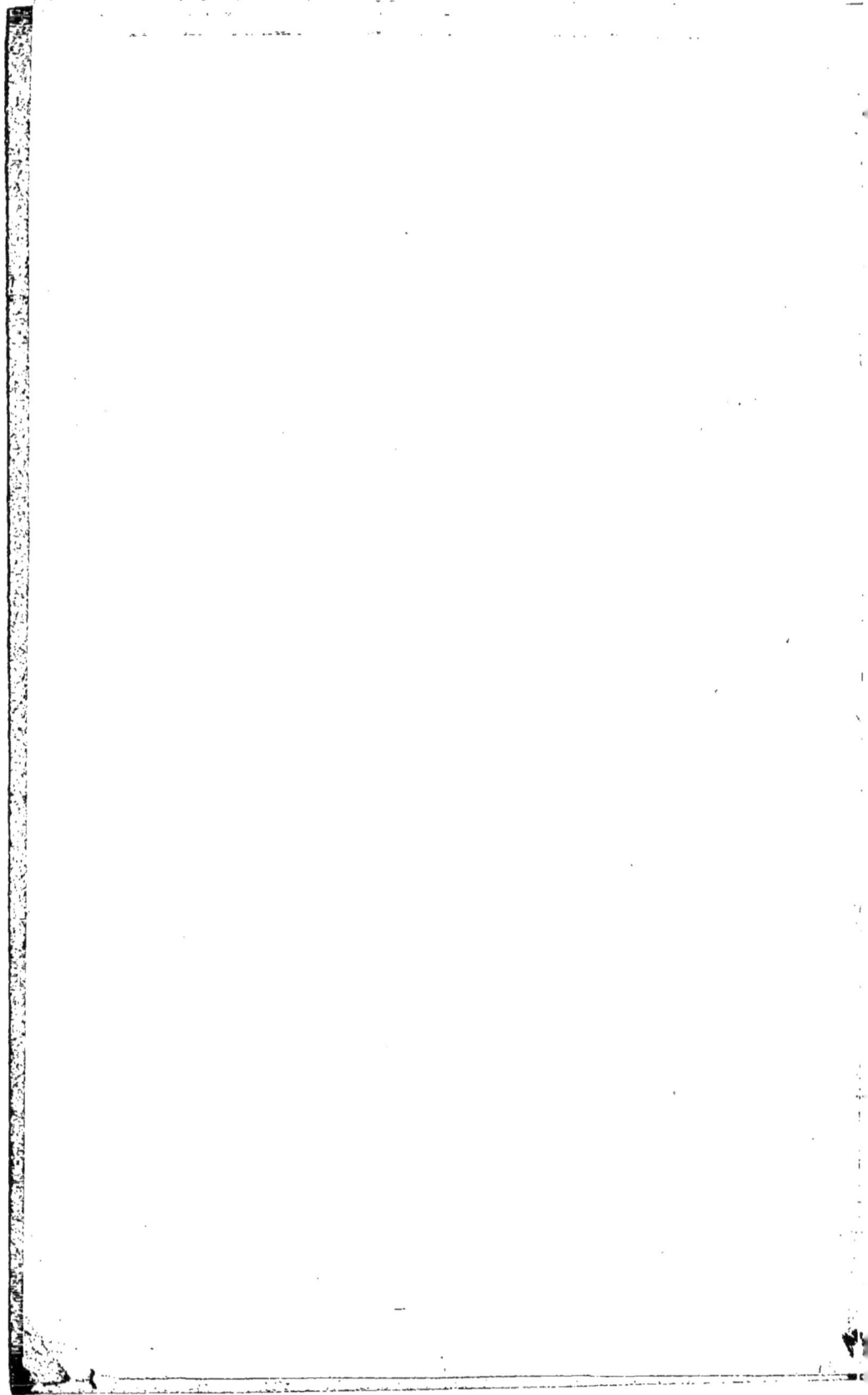

LE

SIÈGE DE BELFORT

VERSAILLES

CERF ET FILS, IMPRIMEURS

59, RUE DUPLESSIS, 59

Colonel Denfert.

LE
SIÈGE DE BELFORT

PAR

L. DUSSIEUX

Professeur honoraire à l'École militaire de Saint-Cyr
Chevalier de la Légion d'honneur, Officier de l'Instruction publique

PARIS

LIBRAIRIE LÉOPOLD CERF

13, RUE DE MÉDICIS, 13

—

1882

La défense de Belfort en 1870 vient ajouter un nouveau nom à la glorieuse liste des défenses héroïques de Calais (1347), Metz (1553), Casal (1630), Lille (1708), Dunkerque (1793), Mayence (1793), Gênes (1800), Burgos (1812), Dantzick, Hambourg, Corfou et Anvers (1813-14), et le nom du colonel Denfert se place à la même hauteur que ceux de Jean de Vienne, — du grand duc de Guise, — de Toiras, — du maréchal de Boufflers, — de Hoche, — des généraux Meunier, Kléber et Aubert-Dubayet, — de Masséna, — de Dubreton, — de Rapp, — de Davout, — de Donzelot, — de Carnot.

L'énergique et habile résistance de Belfort est l'épisode de la funeste guerre de 1870 dont on aime le mieux à se souvenir ; elle prouve que notre vieille valeur n'avait pas disparu de nos rangs, quand de vaillants chefs savaient la mettre en œuvre ; elle prouve aussi que la maxime du cardinal de Richelieu sur les devoirs d'un commandant de place est éternellement vraie : « Les fortifications d'une place de guerre, disait le grand cardinal, sont inutiles, si le gouverneur de la ville n'a le cœur aussi fort que ses remparts. » Le colonel Denfert possédait cette force de cœur.

Il était dit que le règne de chacun des Napoléon se terminerait fatalement, leurs folies accomplies, par l'invasion et l'écrasement de la France. En 1814, le premier avait fait perdre le Rhin et toutes les conquêtes de la République ; en 1815, battu à Waterloo, il faisait encore perdre une partie du territoire de l'ancienne monarchie : Landau, qui découvrait Strasbourg, Sarrelouis, qui découvrait Metz, Philippeville et Mariembourg, qui ouvraient à l'ennemi la trouée de la Sambre et la route de Paris ; et, dans la mer des Indes, l'Angleterre s'emparait de notre belle colonie de l'Ile-de-France, dont Port-Louis, l'un des meilleurs ports de l'océan Indien, devenait une des clefs de l'empire anglais. Le second Napoléon, après avoir fait l'unité italienne, dont nous commençons à subir les funestes résultats, après avoir laissé faire l'unité allemande, par laquelle nous avons été vaincus, après avoir épuisé les ressources militaires du pays dans l'expédition du Mexique, attaquait follement l'Allemagne, sans être prêt, sans alliances, sans forces suffisantes, sans avoir même ses frontières défendues et armées sérieusement. On ne sait que trop ce qu'a été le commandement et l'administration de notre armée au début de cette guerre, quelles ont été l'inertie, l'incapacité absolue des chefs, « l'ignorance encyclopédique » des généraux et des états-majors : le résultat fut-ce qu'il devait être, une écrasante défaite et la perte de deux provinces, l'Alsace et la Lorraine allemande, annexées depuis plus de deux siècles, et si bien francisées qu'elles étaient devenues nos meilleurs boulevards.

Notre armée, battue aux premiers engagements, s'enfermait dans Metz, où la trahison de Bazaine allait bientôt la livrer sans combat à la Prusse ; toutes nos places se rendaient les unes après les autres ; toutes manquaient d'approvisionnements, de canons, d'obus, de garnisons, d'artilleurs. Aucune n'était protégée contre l'artillerie à longue portée des Allemands par des forts avancés, destinés à tenir l'ennemi à distance et à les protéger contre le bombardement et l'incendie. Nulle part, Belfort excepté, la défense ne fut ce qu'elle aurait dû être ; les courages étaient amollis par le régime énervant et immoral des dernières années. Le jour du danger arrivé, on recueillait les fruits de ce système de favoritisme à outrance qui avait sévi si longtemps sur l'armée. L'infatuation avait remplacé toutes les vertus militaires. Personne ne connaissait plus le métier, ou ne voulait plus se soumettre à ses exigences ; on se contentait de bien vivre et de s'amuser. L'armée n'avait ni vivres, ni armes, mais le Potager impérial envoyait régulièrement ses fruits, ses belles pêches, à Metz ou à Châlons, pour la table de l'Empereur et des officiers de sa Maison.

Metz et Strasbourg étaient perdus ; notre frontière re-

1.

culait du Rhin à la Meuse. Si la grande position de Belfort était perdue aussi, l'ennemi, dans l'avenir, n'avait plus qu'à bloquer Besançon et Langres, pour arriver sans coup férir dans le bassin de la Seine ; la France du nord-est n'avait plus de frontière et était à la discrétion de l'Allemagne.

Heureusement Belfort fut une exception dans ce lamentable tableau de nos désastres : la gloire de sa défense rachète la honte de Metz, et, grâce à Denfert, la France a conservé Belfort et une frontière au nord-est.

Comment se fait-il donc, en présence de l'immense service rendu au pays par le colonel Denfert, que l'illustre soldat ait trouvé des ennemis acharnés, des calomniateurs même ? La jalousie et les haines politiques sont ici, comme partout, les causes des faux jugements et des accusations malveillantes lancées contre Denfert.

Ce livre a précisément pour but de raconter exactement, sans parti pris, l'histoire du siège de Belfort, d'après les documents français et allemands. Les jeunes générations auxquelles ce récit s'adresse y trouveront un modèle de patriotisme, et elles y verront ce que peut faire un chef énergique, instruit, plein d'initiative et voulant accomplir son devoir.

CHAPITRE I

BELFORT — VAUBAN — DENFERT

Belfort est situé entre les Vosges et le Jura, dans une grande dépression qui sépare ces deux chaînes et qu'on appelle la trouée de Belfort. C'est en effet par cette ouverture, par ce défaut de la cuirasse, que plusieurs invasions, après avoir franchi le Rhin au coude de Bâle, ont pénétré au cœur de la France. Au delà de Belfort, le pays est dépourvu d'obstacles naturels jusqu'à Langres, et quand l'ennemi a franchi ce plateau, il n'a qu'à suivre les vallées de la Marne, de l'Aube, de la Seine, de l'Armançon et de l'Yonne pour arriver à Paris, objectif de l'invasion. Langres et Dijon sont, comme il est facile de le voir sur la carte, les deux centres d'une seconde ligne de défense en arrière de Belfort. Belfort aux Allemands, ces deux places formeraient notre première ligne défensive.

Dès le XIIIᵉ siècle, Belfort était une petite place forte féodale, qui avait ses comtes particuliers. Elle passa ensuite sous la domination de la maison d'Autriche, qui la céda à la France avec l'Alsace au traité de Westphalie, en 1648. Louis XIV et Vauban comprirent quelle était l'importance de cette position et la fortifièrent.

La ville est bâtie sur la Savoureuse[1] et au pied d'un rocher de 50 à 60 mètres de hauteur, qui se termine, à l'ouest, par une falaise à pic, sur laquelle Bartholdy a sculpté, dans ces dernières années, le lion colossal de Belfort. A l'est, le rocher s'abaisse en pente douce sur un vallon qui le sépare des hauteurs des Perches. C'est ce rocher que Vauban transforma en une grande citadelle appelée le Château (1686); il y fit trois enceintes concentriques, formées de deux fronts bastionnés chacune, et d'un cavalier à l'intérieur de l'enceinte supérieure. Le cavalier comportant un étage de feux supérieur, et un étage de feux inférieur formé par une série de casemates à canons, le Château a cinq étages de feux. Vauban entoura le reste de la ville d'une enceinte bastionnée, et plaça au nord l'ouvrage à cornes appelé l'Espérance. Il accumula dans la nouvelle place un matériel immense; et en 1814 comme en 1870, les projectiles sphériques de Vauban, boulets et obus, ont servi à la défense de Belfort. Bien que le fait paraisse extraordinaire, rien cependant n'est plus exact.

Belfort a été assiégé trois fois : en 1814, en 1815 et en 1870. Chaque fois il a trouvé un illustre défenseur : Jean Legrand, Lecourbe, Denfert.

L'armée de Schwartzenberg ayant passé le Rhin à Bâle, le 21 décembre 1813, un de ses corps, celui du maréchal de Wrède, formé des Bavarois et des Wurtembergeois, fut chargé de bombarder Huningue et d'assiéger

---

[1] Petite rivière qui se jette dans l'Allaine, affluent du Doubs.

Belfort. Le chef de bataillon, Jean Legrand, commandant d'armes de la place, prit le commandement de la garnison. C'était un de ces sous-officiers de l'ancienne armée, auxquels la Révolution avait donné l'épaulette, et dont les derniers survivants faisaient la force des armées que Napoléon opposait à la coalition. Avec quelques milliers d'hommes appartenant aux dépôts de divers régiments et rassemblés au hasard, Legrand s'enferma dans Belfort, résista pendant trois mois et demi[1] à un bombardement furieux. La famine, la rigueur extrême de l'hiver, les souffrances de ses troupes et des habitants, rien ne put faire fléchir l'héroïque soldat. Cependant les bombes autrichiennes ayant détruit la principale fontaine qui alimentait la ville, la soif venant s'ajouter à la faim, Legrand fut forcé de capituler. D'ailleurs sa garnison était presque anéantie ; elle comptait à peine 600 hommes[2].

---

[1] Du 25 décembre 1813 au 12 avril 1814.

[2] Le commandant Legrand est resté inconnu aux historiens de 1814, Vaudoncourt et Thiers, qui ne disent pas un mot de ce grand siège. Je crois donc bien faire en donnant ici le résumé des états de service du premier défenseur de Belfort, que j'ai trouvés aux Archives du ministère de la Guerre (*Personnel, section des commandants de place*). Jean Legrand, né en 1759, s'engagea comme soldat au régiment du maréchal de Turenne en 1776. Il devint : sergent-fourrier en 1779, sergent-major en 1785, adjudant sous-officier en 1788, sous-lieutenant en 1790, adjudant-major lieutenant en 1792, capitaine en 1793, chef de bataillon en 1801. Il fit les campagnes du Rhin de 1792 à 1796 et se distingua à la sortie du fort de Kehl (18 septembre 1796), où avec sa compagnie il reprit deux redoutes à l'ennemi. Nommé capitaine adjudant de place à Belfort, en 1796, on lui donna le commandement de la place en 1799, et quand il devint chef de bataillon en 1801, il fut maintenu dans ce commandement, et on vient de voir qu'en 1814 il s'en montra digne. Napoléon lui enleva le commandement de Belfort en 1815, et le 1er août de la même année, il fut mis à la retraite avec 1800 fr. de pension, *campagnes non payées*. Cependant Louis XVIII

En 1815, Belfort fut encore attaqué par les Autrichiens.
Cette fois la ville fut défendue par un des plus grands généraux de l'ancienne armée du Rhin, Lecourbe, que l'empire avait tenu à l'écart à cause de ses opinions républicaines. Avec 16,000 hommes, soldats et gardes nationaux,
et 30 canons, Lecourbe lutta pendant quinze jours contre
l'ennemi, très supérieur en nombre ; il défendait avec
une incomparable habileté les approches de la ville et
donnait un bel exemple de *défense extérieure active,* qui ne
fut pas perdu pour le colonel Denfert. Mais la chute de
Napoléon amena bientôt la cessation des hostilités et la
levée du siège (11 juillet).

Nous venons de dire que Lecourbe fit une défense extérieure active. Il y a en effet deux manières de défendre
une place : laisser l'ennemi l'investir, et la défendre à
l'aide de l'artillerie des remparts, jusqu'à ce que l'épui-
sement des vivres ou des munitions force la garnison à
capituler, ou jusqu'à ce que l'ennemi ayant fait la brèche,
donne l'assaut et s'empare de la ville. Cette méthode,
toujours employée autrefois, a pour résultat presque certain d'amener assez promptement la chute de la place. En
effet, toute défensive passive est vaincue d'avance, malgré les sorties, malgré les coups de main les plus vigou-
reux de la garnison, malgré les travaux de contre-approche, l'assiégeant, libre de ses mouvements offensifs,
pouvant concentrer sur un point une masse d'artillerie
de beaucoup supérieure à celle qui défend le point attaqué

---

ajouta à la croix de la Légion d'honneur qu'avait depuis longtemps le
commandant Legrand, la croix de Saint-Louis.

et qui l'écrase. Aussi est-il constant depuis longtemps que toute place assiégée est prise si elle n'est pas secourue du dehors.

Il y a une seconde méthode, appliquée pour la première fois à Mayence (1793), par le général Meunier[1] : c'est la défense avancée ou défense extérieure active. Excellente déjà, il y a un siècle, elle est la seule possible aujourd'hui, étant donné l'allongement prodigieux du tir de l'artillerie actuelle et l'action de ses énormes projectiles. Se renfermer dans des murailles et s'y laisser cribler d'obus, est un moyen certain d'assurer promptement le succès de l'ennemi. Ce n'est pas qu'il faille croire que cette nouvelle méthode doive préserver toutes les places qui seront ainsi défendues de l'obligation de se rendre à un moment donné, mais dans tous les cas, elle leur permettra de se défendre beaucoup plus longtemps.

Après Meunier, Masséna à Gênes (1800), le général prussien Gneisenau à Colberg (1807), Rapp à Dantzick et Davout à Hambourg (1813), Carnot à Anvers (1814), Todtleben à Sébastopol, ont défendu leurs places par cette méthode, qui ralentit l'investissement, en occupant des positions avancées, avantageuses à défendre, et qui force l'ennemi à étendre ses lignes, à s'affaiblir partout et à perdre beaucoup de temps. En même temps, dans la lutte que livre la garnison à l'assiégeant, le moral de la troupe se soutient, s'améliore même, et le soldat placé hors du contact de la population civile est soustrait à l'af-

---

[1] Général du Génie, mort jeune, que Gouvion Saint-Cyr proclamait l'égal de Napoléon.

fadissement qui résulte presque toujours de ce contact permanent. Il y aurait encore bien d'autres raisons à faire connaître en faveur de la défense avancée, mais comme nous n'écrivons pas un cours de fortification, nous nous contenterons de renvoyer le lecteur à l'ouvrage du capitaine Klippfel, du 1er régiment du Génie, qui a été notre guide jusqu'ici [1].

Denfert adopta le système de la défense avancée et sauva Belfort, quand partout ailleurs on se contentait de la défense passive, en capitulant au bout de quelques jours, après s'être laissé investir, bombarder et incendier, ou bien, comme à Metz, en capitulant lâchement, sans combattre, avec 150,000 hommes sous les armes, 1665 pièces de canon, 3 millions de projectiles et 23 millions de cartouches !

Pendant le règne de Louis-Philippe, le comité du Génie, dirigé par le maréchal Dode de la Brunerie, éleva les fortifications de Paris et de Lyon, et agrandit plusieurs places de notre frontière de l'est. On construisit à Belfort les deux nouveaux forts de la Justice et de la Miotte [2], bâtis l'un et l'autre sur un roc escarpé ou à pic, et absolument inabordable. La Justice et la Miotte sont situés à l'est de Belfort, à environ 1000 mètres, et reliés entre eux par une série d'ouvrages qui forment le Front du Vallon. Chacun est relié à la ville par un mur d'appui avec fossé creusé dans le roc. Ces deux forts et les lignes

---

[1] *La défense extérieure active*, Paris, Tanera, 1872, in-12.

[2] La Miotte, qui a donné son nom au fort, est le reste d'une vieille tour gallo-romaine ou du Moyen-Age. Ce monument est l'objet de la vénération des Belfortains et une sorte de palladium de la ville.

qui les rattachent à la place enveloppent le Vallon, espace assez étendu qui forme ce qu'on appelait alors le camp retranché de Belfort, lequel avait pour but d'appuyer les opérations d'un corps d'armée défendant la trouée de Belfort et les approches de la ville.

Pendant le règne de Napoléon III, on éleva le fort des Barres, à l'ouest de la ville, et nous verrons tout à l'heure que ce fut le commandant Denfert, dès lors chef du génie de Belfort, qui fut chargé de cette construction. Denfert ne cessait de demander qu'on fortifiât les hauteurs des Perches, situées au sud-est et à 900 mètres de la ville, et d'où l'on domine le château : il invoquait en vain l'usage excellent que Lecourbe avait fait des batteries qu'il avait élevées sur ces hauteurs, en 1815. Il ne put pas l'obtenir ; on ne fit rien, malgré l'évidente nécessité, malgré la transformation de l'artillerie et l'augmentation de la portée des pièces, qui de 500 mètres passait à 5 et 6000 mètres[1]. L'incurie l'emporta ; et quand les Prussiens arrivèrent devant Belfort en 1870, si le général Doutrelaine[2] et Denfert n'avaient pris sur eux la responsabilité de fortifier les Perches, l'assiégeant y dressait ses batteries, faisait taire celles du Château et prenait la ville, que certes l'Allemagne n'aurait jamais rendue.

---

[1] On avait nommé une commission, présidée par le général Frossard, pour statuer sur la question des Perches ; elle déclara qu'il était nécessaire de fortifier ces hauteurs ; car, disait-elle, si les Perches tombaient au pouvoir de l'ennemi, leur perte entraînerait forcément la chute du Château et par conséquent la prise de la ville. On ne tint pas compte de ce rapport, qui resta enfermé dans les archives du Génie de la direction de Strasbourg, où les Prussiens le trouvèrent en 1870.

[2] Chef du Génie du 7e corps commandé par le général Douai, et l'un des meilleurs officiers de l'arme.

Quand la guerre éclata, rien n'était préparé à Belfort pour soutenir un siège : à Belfort ni ailleurs. Pas de forts détachés pour protéger la place contre le bombardement et l'incendie, pas de garnison, les batteries non armées, non abritées, pas de canons du nouveau modèle, pas assez de projectiles. Les villes avaient partout pour chefs des officiers de l'état-major des places, c'est-à-dire de vieux serviteurs se croyant en retraite et exaspérés d'être troublés dans l'exercice de leurs insignifiantes et paisibles fonctions [1]. Au lieu d'être aux mains d'officiers énergiques et capables, nos places allaient se trouver commandées par des officiers que l'âge et l'ignorance de leurs nouveaux devoirs, en tant que défenseurs de villes assiégées, rendaient incapables de remplir leur mission et de vaincre les difficultés inouïes que l'incurie de l'administration militaire avait amoncelées autour d'eux. Autre chose, en effet, est d'être commandant de place pendant la paix, et de lire le rapport chaque matin avec nonchalance, ou de défendre une ville contre un ennemi redoutable, pourvu de tout, sachant attaquer, quand on manque de tout et qu'on ne sait pas comment il faut se défendre.

Belfort, par un acte énergique de M. Gambetta, ministre de la Guerre à Tours, échappa à cette loi générale qui annulait nos places fortes : le 19 octobre 1870, il nommait colonel au titre provisoire et gouverneur de Belfort, Denfert, qui, le 7 octobre, venait d'être régulièrement nommé lieutenant-colonel.

---

[1] Ce corps de vétérans est actuellement supprimé.

Denfert était né à Saint-Maixent, dans le Poitou, le 11 janvier 1823 ; sa famille était protestante. Après avoir passé par l'Ecole polytechnique, il était sorti le premier de l'Ecole d'application de Metz en qualité de lieutenant du Génie. En 1849, au siège de Rome, il avait montré la plus brillante bravoure et avait été décoré et nommé capitaine. En 1854, en Crimée, il s'était signalé à l'attaque du Mamelon-Vert et avait reçu deux blessures au premier assaut de Malakof (18 juin 1855). Il était attaché à l'état-major du Génie en Algérie, quand il fut nommé chef de bataillon, en 1863. L'année suivante, il devint chef du Génie de la place de Belfort et fut chargé de la construction du fort des Barres. En 1868, Denfert recevait la croix d'officier. Nous avons déjà dit que, proposé régulièrement pour le grade de lieutenant-colonel, il obtenait ce grade, à son tour, le 7 octobre 1870, et que le 17 de ce mois, la Délégation de Tours le nommait colonel au titre provisoire et gouverneur de Belfort.

Il y a dans la vie de tout officier supérieur chargé de la défense d'une place, deux phases bien distinctes. Dans la première, il a dû faire preuve de bravoure, montrer son courage, afin que personne ne puisse le mettre en doute. Denfert avait donné ses preuves à Rome et à Sébastopol. Devenu gouverneur d'une place, l'officier supérieur doit exécuter à la lettre le règlement [1], qui lui ordonne de se ménager dans l'intérêt de la défense dont il est l'âme.

Dans aucun cas, dit et ordonne le règlement, le gouver-

---

[1] Article 254 du règlement du **service des places.**

neur ne se met à la tête des troupes lorsqu'elles font une
sortie ; il ne conduit jamais l'attaque lui-même, à moins que
le salut de la place n'y soit attaché. Il ne doit s'exposer que
dans des circonstances très importantes, sa mort pouvant entraîner la chute de la place [1].

Denfert exécuta le règlement, comme c'était son devoir ; et, pour cela, il fut accusé de lâcheté et de s'être
caché dans une casemate pendant le siège.

J'ai hésité à parler de cette calomnie, parce que, même
pour la mettre à néant, j'étais obligé de lui donner place
dans mon livre ; mais la persistance de l'accusation exige
qu'on expose complètement les faits.

Denfert a eu bon nombre d'ennemis : les lâches, il y en
a partout, qui auraient mieux aimé capituler que de souffrir
pendant quatre mois ; — les ennemis de la République, qui
ne lui pardonnaient pas d'être républicain et d'avoir été
nommé gouverneur par M. Gambetta ; — les envieux, qui
avaient été ses chefs ou ses égaux, et qui étaient devenus
ses subordonnés ; — ceux qui étaient mécontents de ne pas
faire partie de l'état-major particulier du gouverneur [2], et

---

[1] Ces prescriptions se retrouvent dans les règlements de toutes les
nations de l'Europe.

[2] Ces officiers étaient : M. Donzé, ancien élève de Saint-Cyr, capitaine au 45e de ligne, échappé au désastre de Sedan ; mort le 25 janvier de la fièvre typhoïde ; officier aussi modeste qu'intelligent et labo-
rieux ; — M. Mathiot, aussi ancien élève de Saint-Cyr et échappé de
Sedan, lieutenant au 45e de ligne ; — M. Châtel, ingénieur des Ponts
et Chaussées ; — M. Wehrlin, ancien industriel de Mulhouse ; —
M. Léon Belin, lieutenant de la garde mobile ; — et plus tard,
M. Krafft, ingénieur des Ponts et Chaussées Ces officiers, qui ont
rendu les plus grands services à la défense, étaient aussi accusés d'orgueil, de raideur et d'esprit autoritaire.

qui ne ménageaient ni le colonel Denfert, ni les officiers de son entourage ; — ceux qui ne lui pardonnaient pas de s'entourer volontiers d'officiers du Génie et d'artillerie, d'ingénieurs, d'anciens élèves de l'Ecole polytechnique, c'est-à-dire d'hommes plus intelligents et plus instruits qu'eux. La « raideur », le « despotisme » de Denfert étaient des sujets continuels de critique. Il faut ajouter enfin, que le gouverneur d'une place assiégée qui fait rigoureusement son devoir, finit par être détesté de tous ceux qui souffrent et qui le rendent responsable des calamités sans nombre qui les accablent.

La casemate devint le thème habituel des opposants. Le gouverneur s'y cachait comme dans un terrier. Les officiers de l'état-major étaient appelés les Icoglans de l'antichambre. A la fin du siège, on ira voir, disait-on, quand ils sortiront de la casemate, s'ils n'ont pas des champignons autour de la tête, au lieu de lauriers !

On a montré Denfert, on en a fait des dessins [1], caché dans une casemate, dans un trou, où il échappe à tout danger. Or, la casemate où résidait le gouverneur de Belfort faisait partie des casemates de la Tour des Bourgeois. Si le gouverneur et son état-major y étaient installés, on y trouvait aussi le colonel commandant de place et ses officiers, le sous-intendant militaire et ses bureaux, le service

---

[1] Ces calomnies osèrent reparaître à l'Assemblée nationale. Le général Changarnier, celui qui avait, disait-il, l'habitude de vaincre, ayant crié à Denfert, pendant une séance de l'Assemblée (le 28 mai 1871), qu'il s'était caché dans une casemate, un membre de la gauche lui répondit par ce mot dur, mais mérité : « Vous vous appelez Metz, et nous nous appelons Belfort ! »

du Génie, le service de la télégraphie militaire. Ce n'est donc pas un seul homme qui est caché là, c'est tout un personnel, tout un ensemble de services qui occupe ces casemates, spécialement faites pour servir de logement au gouverneur et de bureaux à divers services en cas de siège.

De son cabinet où aboutissaient tous les fils télégraphiques, qui le reliaient à toutes les parties de la place et à toutes les positions avancées, le colonel Denfert dirigea, jour et nuit, l'héroïque défense, pour laquelle il donna plus de trois mille ordres. Au centre même de la lutte, il était toujours là pour recevoir sur le champ toutes les communications, pour répondre à l'instant à toutes les dépêches, et pour donner sans délai les ordres qu'une attaque ou un événement imprévu pouvaient rendre nécessaires. « Il faut qu'un gouverneur soit à son poste, qu'il y soit toujours, à toute heure du jour et de la nuit, et qu'on n'ait pas à le chercher même pendant un quart d'heure [1]. »

Ne fallait-il pas aussi que Denfert s'enfermât chez lui pour rester sourd aux obsessions des habitants, et pour ne pas fléchir devant le spectacle des misères et des douleurs que la nécessité de la résistance infligeait à la population civile ? Le règlement est formel sur ce point : « Le commandant d'une forteresse, dit-il, doit rester sourd aussi bien aux bruits du dehors qu'à ceux du dedans. »

On peut lire dans le livre qu'un secrétaire de M. de Bismarck a écrit sur le séjour du prince en France, que le

---

[1] Léon BELIN, *Le siège de Belfort*, Paris, 1871, in-12, p. 56.

général de Blumenthal, chef d'état-major du Prince royal, disait un jour à M. de Bismarck : « Je ne pourrai pas avoir la croix de fer, parce que mon devoir de chef d'état-major général est de ne jamais m'exposer pendant la bataille aux projectiles ennemis. » Il y a donc, dans toutes les armées, des situations qui obligent ceux qui les occupent à ne pas s'exposer aux projectiles ennemis, et cela dans un intérêt supérieur.

Après le siège, Denfert a eu de nouveaux ennemis : ceux qui avaient capitulé à Metz avec 150.000 hommes, et sans combattre, et qui ne pouvaient s'empêcher de rougir de leur conduite en la comparant avec celle de Denfert ; — ceux qui ne lui pardonnaient pas d'avoir mis la routine de côté, d'avoir employé de nouvelles méthodes, d'avoir été un novateur, crime énorme, en effet, pour ceux qui s'étaient toujours opposés à toute modification.

Le colonel Denfert était convaincu que le siège de Belfort, comme ceux de Metz et de Strasbourg, avait pour objet la réunion définitive de la ville à l'Allemagne, et que l'annexion résulterait du fait même de la prise de possession avant la paix. Il était donc résolu à défendre Belfort tant que la ville pourrait tenir, parce qu'il voulait la conserver à la France, ce qu'il a obtenu. « Moi vivant, disait-il, la place ne se rendra pas. » Il croyait donc que « lui mort » la place se rendrait, et il avait raison. Ses successeurs n'entendant rien à la défense, telle que Denfert la comprenait et qu'il fallait la faire pour résister à l'attaque puissante de l'ennemi, ses successeurs, dis-je, ou ne se seraient pas défendus, ou auraient mal défendu la ville.

Plan de la ville et des environs.

C'était donc pour Denfert un devoir de patriotisme de ne pas s'exposer[1].

Un des officiers les plus distingués et les plus braves que je connaisse, me disait : « Pour moi, j'admire d'autant plus cette constance de Denfert, que je m'en sens plus incapable ; il faut être bien trempé pour déployer une telle force de volonté, une telle ténacité dans ce que l'on a reconnu être son devoir. »

Quant à l'accusation d'orgueil, de despotisme, de n'avoir pas convoqué le conseil de défense, le lieutenant Belin la réfute ainsi :

« Il n'y avait pas à Belfort de conseil de défense proprement dit. Le gouverneur se concertait tous les jours avec tous les chefs de corps qu'il réunissait chez lui le matin. Du reste, il conservait à lui seul, et pour des raisons qu'il n'y a pas lieu d'exposer ici, une autorité absolue. C'était une dictature, a-t-on dit ; oui, mais une dictature rendue nécessaire par les circonstances[2]. Je n'ai pas à insister sur ce point délicat[3]. Je me contente de rappeler un fait qui vaut des arguments. Lorsque le général de Chargère convoqua le conseil de défense au mois d'août, pour lui demander s'il y avait lieu de garder Pérouse, Danjoutin et les Perches, tous les membres répondirent non, à l'exception du commandant Denfert. Or, M. Denfert de-

---

[1] L'extrême indulgence, la mollesse des conseils de guerre tenus pendant le siège donnent des indications suffisantes sur ce qui serait arrivé à Belfort, si Denfert n'eût pas été le gouverneur de la place.

[2] A Belfort, on accusait Denfert de dictature ; à l'Assemblée nationale, on l'accusa de vouloir détruire la discipline.

[3] Délicat, à cause des questions personnelles, des officiers tenus à l'écart.

venu colonel et gouverneur avait appliqué son système de défense contrairement à l'avis du conseil ; la garnison occupait tous les villages voisins, et les Prussiens perdirent un mois avant de commencer le bombardement, et mirent trois mois à prendre les Perches [1]. »

Denfert n'avait pas besoin de réunir le conseil de défense, dont il connaissait l'opinion ; et il fit bien de ne pas demander d'avis à des gens qui ne comprenaient pas ce qu'il faisait. Il n'était pas homme non plus à partager la responsabilité ; il voulait l'avoir tout entière.

En prenant le commandement, le nouveau gouverneur fit la proclamation suivante :

Habitants de Belfort,

Le ministre de la Guerre m'a nommé colonel et m'a investi du commandement supérieur de la place. Appelé à succéder à M. le général Crouzat, dont nous avons tous apprécié le patriotisme, l'énergie et les grands talents militaires, je ferai tous mes efforts pour marcher sur ses traces et justifier la confiance dont le Ministre m'a honoré.

Commandant du Génie dans la place depuis plusieurs années, j'en ai étudié les ressources, et je crois en connaître la valeur. Les nouveaux travaux exécutés depuis la guerre ont augmenté dans une notable proportion ses moyens de défense.

Dans la situation où nous sommes tous, citoyens et soldats, nous n'avons qu'un devoir : Vaincre ou mourir. Ce fut la devise de nos pères en 1792, et ce doit être aussi la nôtre. J'ai pu apprécier, à plusieurs reprises, le patriotisme des citoyens de Belfort, et je crois que la France peut compter sur leur dévouement absolu à la Patrie et à la République.

---

[1] Page 57.

Belfort est situé dans un pays accidenté. Le point culminant du Château est à 427 mètres, dominant de 60 mètres la partie basse de la ville, située à l'ouest du rocher. La ville est entourée de tous côtés par des hauteurs qui vont jouer un rôle important dans l'histoire du siège, en permettant aux Allemands d'y établir leurs batteries et de canonner les défenses de la place. Aujourd'hui ces hauteurs sont fortifiées et rentrent dans la défense de la ville ; mais alors elles étaient au pouvoir de l'ennemi.

Au nord du Vallon et de l'étang de la Forge, se développe le massif boisé de l'Arsot (400-506 m.), entre la Savoureuse, à l'ouest, et le village de Roppe, à l'est ; ces hauteurs dominent le fort de la Miotte de 45 mètres ; — au sud-est, les Hautes et les Basses-Perches (430 et 415 m.), que Denfert occupa et fortifia ; — au sud des Perches, les hauteurs boisées du Bosmont (415 m.) ; — à l'ouest, au delà de la Douce, affluent de la Savoureuse, qui passe à Essert et à Bavilliers, la Côte (460 m.) ; — au nord-ouest, le Mont (480 m.) et le massif boisé du Salbert (650 m.). Le Mont n'est qu'à 2 kilomètres de Belfort et le domine de près de 100 mètres ; c'était le point le plus dangereux pour la ville de tous ceux que l'ennemi occupait.

Dans les vallons qui séparent ces hauteurs sont situés les villages de la Forge, de Pérouse et de Danjoutin, fortifiés et occupés par nous pendant le siège, et qui ont, avec les Perches, formé les défenses avancées de Belfort ; — Bessoncourt, Chèvremont, Vézelois, Bavilliers, Essert, Châlonvillars, Cravanche et Valdoie, occupés par les Allemands, et en avant desquels se trouvaient leurs principales batteries.

Des hauteurs qui l'entourent, Belfort était vu de tous côtés ; il faudra donc à notre artillerie une grande habileté pour répondre avec succès aux batteries allemandes, si avantagées par leur position et par le nombre des pièces, par le calibre et l'abondance des projectiles.

Telle qu'elle était avant la nomination de Denfert au commandement de la place, la ville ne pouvait pas résister longtemps à l'artillerie prussienne, qui l'aurait incendiée et détruite rapidement. Aux fortifications déjà existantes, Denfert se hâta d'ajouter les ouvrages des Perches, le fort de Bellevue et le Front des Faubourgs, et de fortifier les villages de Danjoutin et de Pérouse, c'est-à-dire de préparer la défense avancée.

Il faut donner ici quelques détails sur l'importance de la position des Perches.

Le vrai point d'attaque de Belfort est par le sud et le Château, l'ennemi établissant ses batteries aux Perches, et de là protégeant par son feu les pionniers qui s'avancent dans leurs tranchées contre le Château. C'est pour empêcher l'ennemi d'exécuter ce plan, connu d'avance, que Denfert fortifia les Perches, reliées entre elles par des tranchées, et qu'il occupa Danjoutin, à gauche des Perches, et Pérouse, à droite, et qu'il fortifia ces deux villages. Dès lors l'attaque de Belfort, par le sud, devenait bien difficile. Il fallait enlever Danjoutin, Pérouse et les Perches, défendus par le feu de leurs batteries et par celui du Château ; il fallait ensuite descendre le versant nord des Perches, creuser les tranchées dans le roc, sous le feu du Château ; puis le fond du vallon qui sépare les Perches de

Belfort[1] étant atteint, il fallait remonter, toujours sous le
feu de nos canons, le long des glacis du Château, « glacis
en roc pelé, sur lesquels on ne pouvait faire de tranchées
qu'avec des terres rapportées[2]. » Les Allemands, au début
du siège n'étaient pas assez forts pour entreprendre une
si rude besogne ; ils furent obligés d'attaquer Belfort par
l'ouest, ce qui ne pouvait les mener à rien.

Une fois l'occupation des Perches décidée, Denfert jugea
avec raison que l'ennemi n'oserait l'attaquer que du côté
de l'ouest, et en même temps il fortifia la position de Bellevue, d'où l'artillerie allemande aurait pris à dos les ouvrages des Perches et coupé presque complètement leurs communications avec le Château. Les diverses parties de la
fortification d'une place constituent un véritable échi-
quier ; si l'on veut garder telle pièce, il faut la protéger
par telle autre.

Denfert ordonna donc de construire le fort de Bellevue,
qui ne fut achevé que sous le feu de l'ennemi. Au sud, le
fort fut relié à la gare du chemin de fer, mise en état de
défense, par des tranchées ; au nord, une tranchée relia
aussi le fort de Bellevue au fort des Barres. En arrière du
fort des Barres, on exécuta à la hâte un grand ouvrage
en terre appelé le Front des Faubourgs, qui fut aussi relié
à Belfort par les Lignes des Faubourgs. Ainsi défendu, le
côté occidental de Belfort put résister à toutes les attaques
de l'ennemi, qui se décida plus tard à attaquer enfin la
place par le sud.

---

[1] Et qui est à 50 mètres au-dessous du point culminant des
Perches.

[2] *La défense de Belfort*, p. 27.

Au moment où le siège allait commencer, le Château de Belfort, formidable citadelle, armée de 150 canons, était donc le réduit, le centre d'une grande place composée : au nord, du camp retranché du Vallon avec les forts de la Miotte et de la Justice ; — au sud, des Hautes et des Basses-Perches, flanquées par les villages fortifiés de Pérouse et de Danjoutin ; — à l'ouest, du fort de Bellevue, du fort des Barres et du Front des Faubourgs. On voit quelle a été l'œuvre de Denfert dans l'établissement de la grande place d'armes qu'il allait disputer à la Prusse.

On a déjà dit qu'au début de la guerre, rien n'était préparé à Belfort en vue d'un siège, comme si les places fortes n'étaient faites que pour servir de casernes pendant la paix. Tout était à faire. Le fort des Barres, le Front des Faubourgs et les Lignes des Faubourgs étaient inachevés ; les travaux des Perches et de Bellevue n'étaient pas commencés ; l'armement était à compléter ; il fallait couvrir de terre et de blindages les magasins à poudre, les casernes, les hôpitaux, certaines batteries, certaines pièces ; il fallait construire, çà et là, de nombreux abris et des baraques pour loger la garnison, quand elle viendrait, car à ce moment il n'y avait même pas de garnison. L'artillerie était insuffisante, non pas comme nombre, mais en tant que pièces rayées ; les projectiles oblongs pour ces pièces étaient aussi en quantité absolument insuffisante.

La place semblait perdue, et beaucoup, militaires ou civils, pensaient qu'il était bien inutile d'essayer de se défendre. Pour la sauver, il fallut deux choses : un homme de cœur et l'arrivée tardive des Allemands. L'homme de cœur fut Denfert, qui sut mettre à profit le temps que les Prussiens lui donnèrent.

Le 7e corps, commandé par le général Félix Douai, devait se former à Belfort ; Douai s'y rendit, en juillet, avec son état-major, qui comptait l'intelligent général du Génie Doutrelaine. Celui-ci adopta les idées du chef du Génie de la place, et donna l'ordre d'exécuter les ouvrages des Perches, le fort de Bellevue et les Lignes des Faubourgs. Quelques soldats et des ouvriers civils se mirent aussitôt à l'œuvre ; mais bientôt le 7e corps quitta Belfort, et la ville resta sans autre défense que 4 ou 5000 mobiles du Haut-Rhin, armés d'anciens fusils à piston, et une demi-batterie d'artilleurs à pied sous les ordres du capitaine de la Laurencie, qui fut chargé de compléter l'armement de la ville.

On travaillait activement. Deux ingénieurs des Ponts et Chaussées, MM. Châtel et Renault[1], et un ingénieur des Mines, M. Choulette, devenus capitaines du Génie auxiliaire, les capitaines du Génie, MM. Degombert, Edouard Thiers, Brunetot et Quinivet, dirigeaient les travailleurs.

Dans le mois de septembre, on créa le corps d'armée des Vosges, qui se formait sous la direction du général Cambriels. Une partie des troupes qui devaient composer cette armée passait par Belfort ; les meilleures étaient envoyées au général Cambriels, les autres étaient laissées à Belfort pour former la garnison. C'étaient en général des mobiles sans instruction, mal armés et sans solidité. La place acquit ainsi 4 bataillons de mobiles du Rhône, qu'il

---

[1] Remplacé bientôt par M. Krafft.

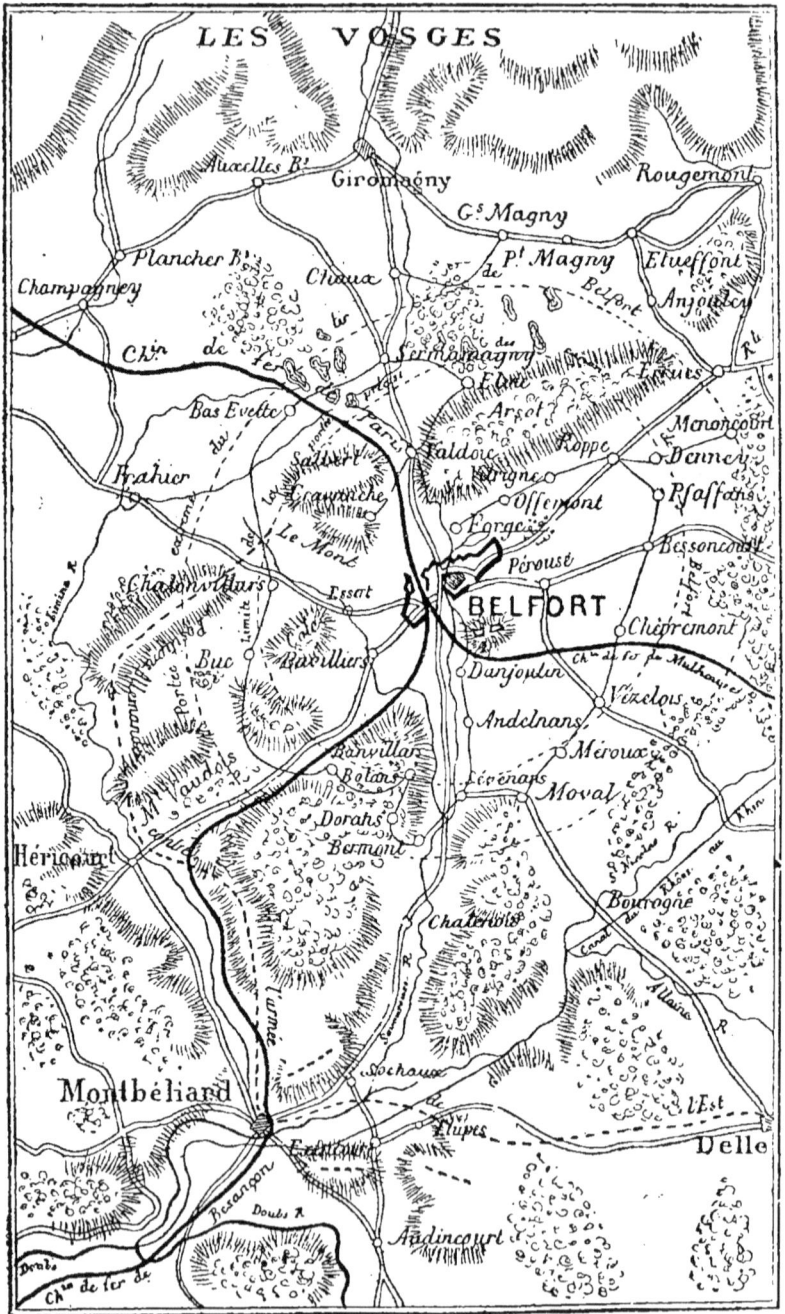

Plan de la région.

fallut habiller, armer et instruire, 4 nouvelles demi-batteries, quelques batteries de mobiles du Haut-Rhin et de la Haute-Garonne. Mais en même temps, le général Cambriels, pour former l'artillerie de son corps d'armée, enlevait à Belfort toutes ses pièces de campagne, ce qui eut plus tard de funestes résultats, Denfert manquant de canons légers pour appuyer ses sorties.

Des armes, des munitions arrivèrent successivement et au hasard : la plus grande partie était envoyée aux corps francs, aux habitants des villages, qui à l'approche des uhlans se hâtaient de les renvoyer à Belfort. Pour compléter le désordre, on coupait partout routes et chemins de fer, ce qui entravait partout les communications. Cependant, hommes, armes, munitions, vivres, tout se réunissait à Belfort, mais peu à peu et incomplètement : toutefois, dès la fin de septembre, la place avait les éléments d'une résistance sérieuse, et les travaux continuaient à être poussés avec activité.

Pendant ce temps Belfort changeait sans relâche de gouverneurs. Au général de Chargère, du cadre de réserve, à qui on avait donné d'abord le commandement supérieur de la ville, succédait le général Cambriels, qui partit bientôt pour l'armée des Vosges et fut remplacé par le général de Chargère, qui eut pour successeur (7 octobre) le général d'artillerie Crouzat. Dès la fin du mois d'août, étant encore colonel, il avait été chargé de l'armement de Belfort. Le colonel Crouzat avait donné à ce pénible travail une vive impulsion. Nommé général et commandant supérieur de Belfort, il eut sous ses ordres le chef d'escadron Bouquet, pour l'artillerie, et pour le Génie, Denfert, qui venait

3

d'être promu au grade de lieutenant-colonel. Le 17 octobre, le général Crouzat était envoyé à l'armée des Vosges et placé sous les ordres du général Cambriels ; Denfert était nommé commandant supérieur de Belfort avec le grade de colonel au titre provisoire.

La nomination de Denfert est due au général du Génie Véronique, attaché à la Délégation de Tours. Il avait été averti par un ami du désordre complet qui régnait à Belfort, et de la nécessité de confier à l'énergie et à la science de Denfert le commandement supérieur de la ville. C'est le général Véronique qui fit nommer par M. Gambetta, alors ministre de la Guerre, le colonel Denfert commandant supérieur de Belfort, et le pays lui doit en partie la conservation de cette place importante.

Abandonné une première fois par le corps du général Douai, Belfort fut encore une fois abandonné par le général Cambriels, qui, chassé des Vosges, se replia sur Besançon. Belfort était découvert, sans appui au dehors, et tôt ou tard allait être attaqué, aussitôt que les Allemands auraient pris Strasbourg, Metz, Schelestadt et Neuf-Brisach, qui se défendirent mal ou pas du tout.

On peut dire que Belfort était sans appui extérieur, car les corps francs réunis sous les ordres de M. Keller, ancien député du Haut-Rhin, et du colonel Perrin, étaient une force impuissante à arrêter l'ennemi, quelque bonne volonté qu'ils apportassent d'ailleurs à la défense des cols des Vosges méridionales, où ils eurent quelques engagements. Dans ces escarmouches, ces corps sans cohésion montrèrent le peu de fond qu'il faut faire sur les volontaires, malgré l'importance qu'ils cherchent à se donner.

La nomination de Denfert amena un revirement complet dans les principes qui devaient présider à la défense de la place. Il allait appliquer le principe de la défense avancée qu'il avait cherché à faire adopter par ses prédécesseurs, et que tous avaient rejeté comme une nouveauté impraticable avec des soldats aussi médiocres et des ouvrages si imparfaits.

« Le colonel Denfert était d'avis, qu'avec une garnison de 16,000 hommes, comme celle de Belfort, on devait occuper et disputer pied à pied toutes les positions extérieures de la place situées sous le feu des canons des forts ou des redoutes. Il considérait la forteresse plutôt comme un point d'appui assuré pour les troupes de l'extérieur, et une immense batterie de position leur permettant, sous sa protection, une résistance efficace, que comme une ligne de défense à laquelle il fallût se restreindre dès le début.

» Il pensait qu'il serait toujours temps de s'enfermer dans les remparts, quand la prise pénible et successive des positions du dehors y aurait forcé nécessairement la défense ; mais qu'on aurait obtenu jusque là l'immense avantage de tenir le cordon d'investissement très éloigné, et d'obliger l'ennemi à une série d'attaques de vive force. Ces attaques sur des villages ou des positions armées de tranchées défensives, et protégées par les feux des forts ou des redoutes, seraient très coûteuses pour l'ennemi, et retarderaient de beaucoup le moment où il pourrait approcher assez près pour installer ses batteries et bombarder la place.

» Pour compléter ce système de défense et lui donner toute sa valeur, le colonel décida que les positions occupées seraient non seulement retranchées et barricadées, mais aussi pourvues d'abris pour les hommes, de manière à les soustraire aux effets de la canonnade de l'ennemi, et à permettre d'y tenir, malgré cette canonnade, jusqu'à ce qu'on vînt directement attaquer les retranchements, pour y échouer, ou tout au moins y payer chèrement le succès.

» Enfin, pour forcer l'ennemi à se départir de son audace habituelle, et à ne commencer d'actions sérieuses qu'avec beaucoup de circonspection, et quand il aurait déjà des forces réellement considérables, il avait l'intention de porter, au moyen de sorties fréquentes, l'action de la place au delà de cette zone des positions occupées, et jusque dans les lignes d'investissement, y bouleversant les travaux et les postes de l'ennemi, si c'était possible, le forçant à des concentrations de troupes sur les points attaqués, le plaçant, en un mot, partout en crainte dans ses propres positions, et l'obligeant à la plus grande prudence et à la plus grande lenteur avant de s'avancer davantage, en même temps qu'il se fatiguerait par ces alertes continuelles, mettant ses hommes sur pied et les forçant à des marches continuelles.....

» Cette ligne de conduite fut si nettement arrêtée dans l'esprit du commandant supérieur, qu'il résolut dès ce moment, en principe, qu'il ne convoquerait pas le conseil de défense en dehors du seul cas où la loi l'ordonne, c'està-dire à la dernière heure, quand le corps de la place, ouvert par l'ennemi, serait à la veille d'être emporté d'assaut. Résolu, quoi qu'il arrive, à ne pas capituler avant d'avoir repoussé au moins une fois cet assaut, et à ne pas changer son plan de défense, il n'avait pas besoin du conseil, qui ne pouvait que faciliter la divulgation de nos projets, et qui ne fut, en effet, jamais convoqué[1]. »

C'est ici qu'il faut reproduire, pour achever de faire connaître l'homme, la lettre que le colonel Denfert écrivait à M. Gambetta, en septembre 1871, au moment où il publiait la relation du siège.

Monsieur,

Au moment où Belfort allait être appelé à lutter contre l'ennemi, vous m'avez promu colonel le 17 octobre 1870 avec mission de diriger comme commandant supérieur la défense de cette importante forteresse.

Trois causes ont surtout contribué à la longueur de notre résistance. Les deux premières tout à fait techniques, *défense des positions extérieures soumises au canon et de la forteresse même et de ses ouvrages avancés, applications de nouvelles méthodes à la mise en action de l'artillerie*, ressortent clairement de la relation de cette défense. La troisième cause, en quelque sorte d'ordre moral, demande quelques explications.

La discipline, telle qu'on la comprend généralement, semble devoir consister dans une obéissance absolue et aveugle aux ordres du chef. Le grade et les fonctions de ce dernier lui confèrent ainsi une sorte d'infaillibilité qui n'admet de la part des inférieurs ni représentations, ni explications, ni commentaires.

Cet esprit d'obéissance aveugle s'est de plus en plus exagéré sous le dernier empire, et, joint à l'influence que la loi de 1832 et l'ordonnance de 1838 donnent aux chefs sur la carrière de leurs subordonnés, il a fini par empêcher presque

---

[1] *La défense de Belfort*, écrite sous le contrôle de M. le colonel Denfert-Rochereau, par MM. Edouard Thiers, capitaine du Génie, et Sosthène de la Laurencie, capitaine d'artillerie. Paris, 1871, in-8° avec cartes.

complètement, entre l'inférieur et le supérieur, tous rapports verbaux et toute discussion technique suffisamment libres pour qu'ils puissent s'éclairer mutuellement.

Ces mœurs essentiellement prétoriennes permettaient du reste aux chefs de plus en plus nombreux qui n'arrivaient aux premiers rangs que par le favoritisme du régime impérial, de masquer sans trop de peine leur incapacité et leur ignorance.

Le passé du Génie militaire français m'avait offert, Monsieur, d'autres traditions. A mon entrée au service, des relations faciles existaient encore entre les officiers des divers grades de cette arme. Nos chefs les plus capables, loin de rechercher l'exécution muette de leurs ordres, provoquaient assez souvent des discussions techniques, qui offraient le double avantage d'accroître l'autorité morale du chef et d'amener une solution généralement avantageuse de la question mise en discussion.

Sous l'influence délétère de l'empire, ces mœurs républicaines avaient de plus en plus fait place dans l'arme même du Génie, aux mœurs prétoriennes ; mais certains officiers, et j'étais du nombre, les avaient conservées et n'avaient eu qu'à s'en applaudir.

Promu au commandement supérieur de la place de Belfort, j'ai, continuant cette tradition, admis à venir discuter avec moi non-seulement les officiers auxquels je voulais confier le commandement des positions ou des opérations militaires, mais encore tous ceux qui croyaient pouvoir donner un avis utile à la défense.

Les lumières que m'ont fournies sur des points très divers bon nombre d'officiers de la garnison ont beaucoup assuré et facilité ma tâche. Ces mêmes militaires ont ensuite apporté dans l'exécution des ordres d'autant plus d'énergie et de résolution, qu'ils avaient pris une certaine part au conseil et qu'ils étaient plus pénétrés du but à atteindre.

Non seulement j'ai pu profiter ainsi des études et des réflexions des officiers les plus intelligents, mais encore appré-

cier la valeur de chacun d'eux, et, sans violer la hiérarchie, je
me suis attaché à assigner aux plus capables, quel que fût
leur grade, les postes les plus importants, et j'ai débarrassé
leur action de toute entrave en les gardant sous mon contrôle
direct et immédiat.

Cette règle de conduite m'a permis, Monsieur, d'obtenir de
ces militaires non plus seulement un concours apparent et
plus ou moins inconscient résultant de l'obéissance passive,
mais, ce qui est bien supérieur, un concours libre, intelligent
et actif, à l'exécution d'ordres précis, qu'ils savaient avoir été
précédés d'une étude consciencieuse.

Grâce à cette même règle de conduite, imitée du reste par
certains militaires sous mes ordres, plusieurs officiers ont pu
acquérir dans leur rayon d'action une grande autorité morale
profitable à la défense, et quelques-uns étaient universelle-
ment connus et de la population et de la garnison.

J'ai tenu, Monsieur, à ce que ces faits fussent mis en lumière dans la relation de la *Défense de Belfort* dont j'ai chargé
deux des officiers qui ont pris à cette défense une part des
plus actives. La France sera, je n'en doute pas, heureuse de
trouver dans cette relation, en même temps que le récit sin-
cère des faits, les noms et les services des militaires qui
m'ont le plus secondé.

C'est grâce à vous, Monsieur, qu'il m'a été donné de pré
sider à la défense de Belfort, et d'y faire application de ces
principes techniques et moraux qui nous ont permis d'opposer à l'ennemi une résistance qu'il n'a pu vaincre. La loyauté
me commande donc de vous faire hommage de ce succès, et
c'est à ce titre que je vous prie d'accepter la dédicace de
cette relation écrite sous mon contrôle.

Dans le plan adopté par le colonel Denfert, le Château
de Belfort devenait un point central et dominant, dont
l'artillerie devait soutenir toute la défense extérieure de la
place. Aussi le colonel se préoccupa-t-il, comme il le dit

L'église.

dans sa lettre à M. Gambetta, d'appliquer de nouvelles méthodes à la mise en action de l'artillerie. Il voulait que l'on pût tirer avec les pièces dont il disposait jusqu'à l'extrême limite de leur portée possible. Le capitaine de la Laurencie, qui avait le commandement des batteries du Château, fut chargé de ce soin, et il appliqua en grand pour la première fois la méthode du *tir indirect,* dont la théorie cependant était connue et déjà appliquée, quant aux mortiers[1]. Ici quelques détails sont nécessaires pour faire apprécier l'importance de la nouvelle méthode et son utilité dans la défense.

Le tir d'une pièce peut être direct ou indirect. — Le *tir direct* est celui dans lequel le pointeur voit le but à atteindre. — Le *tir indirect* est celui dans lequel le but à atteindre échappe à la vue du pointeur, qui règle son tir sur des repères fixés avec précision[2].

Le tir une fois réglé, on peut tirer la nuit avec une justesse à peu près égale à celle que l'on a obtenue pendant le jour ; on change seulement le repère : une lumière à la place d'un piquet.

---

[1] Voir le travail de M. de la Laurencie intitulé *Étude technique sur le service de l'artillerie dans la place de Belfort pendant le siège de 1870-1871.* Paris, 1872, in-8°. — Plusieurs armées européennes ont modifié leurs règlements sur le service de l'artillerie d'après les idées du capitaine de la Laurencie ; est-il utile d'ajouter que la routine française les a laissées de côté ?

[2] Dans ce cas, au lieu de faire tirer les pièces à embrasure ou à barbette, on les dispose derrière des masses couvrantes, casernes, maisons, sur les places de la ville, dans les fossés des ouvrages, en les plaçant de telle sorte que les projectiles, lancés sous l'angle convenable puissent aller au but par dessus les masses couvrantes. On tire sans voir l'objectif, mais des observateurs, bien placés pour apprécier les coups, indiquent les rectifications à faire au pointage.

La méthode du tir indirect met à l'abri des vues de l'ennemi les pièces et leurs servants, avantage considérable sur lequel il est inutile d'insister. « L'ennemi ne peut apercevoir de nulle part les pièces ainsi disposées. Il ne peut donc pas régler son tir contre elles, et elles n'ont à craindre que des coups de hasard. Aussi celles qui furent ainsi établies à Belfort ne souffrirent-elles pas, pour ainsi dire, du feu exceptionnellement violent et prolongé dirigé contre la place, et restèrent-elles, à peu près toutes, en batterie jusqu'au bout[1]. »

Avec le tir indirect, la pièce étant à l'abri derrière une masse couvrante quelconque, mur, maison, etc., on peut augmenter l'angle de tir et bénéficier ainsi du maximum de portée de la pièce. — La pièce n'étant plus limitée dans une embrasure, on peut même la retourner, et elle peut tirer dans toutes les directions, même en arrière[2]. De cette façon on peut accumuler sur un point quelconque un feu puissant partant de différents points. « C'est ainsi qu'une quarantaine de bouches à feu disposées d'après ces principes nous procurèrent un feu très vif contre les premières batteries allemandes établies en avant d'Essert, tandis que fort peu pouvaient les voir directement, et trompèrent l'espoir de l'ennemi qui avait compté sur cette insuffisance. »

L'ennemi trouvait à Belfort la science active et intelligente, qui seule permet de faire la guerre avec succès au-

---

[1] Ed. THIERS, p. 33.

[2] On avait fait des plates-formes à voie circulaire pour les pièces destinées à un tel service.

jourd'hui. Ce que nous faisions là était chose nouvelle pour lui, et il fut pris d'abord au dépourvu.

Pour pouvoir incliner la pièce autant qu'il était nécessaire afin d'avoir le plus grand angle de tir et obtenir ainsi le maximum de portée de la pièce, on plaça un certain nombre de canons de 24 rayés sur affût de siège, au lieu de les laisser sur leurs affûts de place [1] ; on pouvait enterrer la crosse et obtenir l'angle de tir dont on avait besoin. Dans ces conditions, ces pièces purent tirer jusqu'à 6 et 7000 mètres, au lieu de 2000. Les fosses dans lesquelles s'enfonçaient les crosses des affûts furent soutenues par des morceaux de rails ; les plates-formes sur lesquelles les pièces étaient placées furent aussi couvertes de rails ; le recul du canon s'exerçait plus librement, et tel affût a pu supporter sur ces plates-formes plus de 5000 coups sans céder. Il fallut encore faire des hausses plus longues que les hausses réglementaires pour pouvoir régler un tir aussi long.

Une partie des pièces de service au Château furent protégées par de solides blindages de rails et de bois, recouverts de terre. Au surplus, tout ce qui put être blindé le fut, et le Château devint un ouvrage redoutable.

Une des pièces du Château, appelée *Catherine,* acquit une grande popularité dans la garnison et dans la ville : c'était un canon rayé de 24 monté sur affût de siège, et placé sous un solide blindage. Son tir incommodait si fort l'ennemi, qu'il lança plus de 20,000 obus pour l'éteindre [2].

---

[1] L'affût de siège est à peu près le même que l'affût de campagne ; l'affût de place, tout différent, n'a pas de crosse et a quatre roues.

[2] Ce chiffre est certain.

Un jour trois gros obus tombèrent successivement sur le blindage ; les deux premiers s'y enfoncèrent sans éclater ; le troisième éclata et fit éclater les deux autres ; tout fut bouleversé ; Catherine fut démontée ; mais elle fut bientôt remise sur un nouvel affût et recommença son feu. A force d'obus, le roc qui servait de base au blindage fut enfin détruit ; on plaça Catherine un peu plus loin, et, à la fin du siège, elle était encore sur roues. Elle avait tiré plus de 5000 coups.

La place de Belfort comptait 300 bouches à feu, mais elle ne possédait pas une seule pièce du dernier modèle adopté [1]. Plus de la moitié de ces bouches à feu se composait de mortiers et de canons lisses, se chargeant par la bouche, d'une faible portée, et ne pouvant servir qu'à la défense rapprochée, et au tir de la mitraille dans les fossés, en cas d'attaque de vive force. Les pièces du plus fort calibre étaient du 24 long rayé ; il y en avait 48, approvisionnées à 500 coups, ce qui faisait 24,000 obus oblongs, nombre bien insuffisant [2]. On comptait aussi 80 canons rayés de 12, également approvisionnés à 500 coups par pièce, soit 40,000 obus oblongs de 12. Venaient ensuite 20 pièces rayées de 4 et 13,000 obus. Les fusées étaient également en nombre insuffisant.

Les obus sphériques de 16, de 15 et de 12, pour pièces lisses, les boulets sphériques et pleins, projectiles peu efficaces aujourd'hui, les bombes pour les mortiers, étaient en nombre plus considérable et provenaient du vieux ma-

---

[1] 24 de siège.
[2] Il aurait fallu 100,000 obus de plus.

tériel accumulé autrefois dans la place par Vauban et le premier empire.

En résumé, Belfort n'avait pas un armement suffisant en bouches à feu rayées et en obus oblongs, ce qui obligea trop souvent à modérer le tir.

Le prédécesseur du colonel Denfert n'avait réclamé aucune augmentation des approvisionnements en obus oblongs ; il avait même éconduit le directeur des forges d'Audincourt[1], qui lui offrait de fournir immédiatement à Belfort un grand nombre de projectiles oblongs et de transporter dans la ville un matériel susceptible de donner, pendant tout le siège, ce que nécessiterait le tir de la place[2]. Pour augmenter autant que possible le nombre des obus oblongs, Denfert établit à Belfort une fonderie. M. Bornèque, de Beaucourt, ingénieur civil et capitaine du Génie de la mobile, et M. Choulette, ingénieur des mines, la créèrent et parvinrent à produire 2000 projectiles oblongs pleins. Mais l'Arsenal montra, dans toutes les opérations relatives à la fabrication des projectiles de la fonderie, un mauvais vouloir ou une force d'inertie, qui atteste la sourde opposition de quelques-uns des officiers renfermés dans la place.

Belfort avait plus de 8 millions de cartouches pour chassepots, fusils à tabatière, snyders et anciens fusils.

Les vivres abondaient. Les habitants avaient tous pour 90 jours de vivres chez eux : avec les approvisionnements

---

[1] A l'est de Montbéliard, sur le Doubs.

[2] Dès leur arrivée, les Prussiens s'emparèrent de l'usine et y fondirent des obus avec lesquels ils bombardèrent la place.

des marchands et de la municipalité, la population civile,
réduite à 4000 personnes [1], avait à manger pendant 130
ou 150 jours. La garnison avait des rations assurées pour
180 jours. Le troupeau de la ville et de la garnison, de
970 bêtes à cornes et de 104 moutons, avait quatre mois
de fourrages [2].

La garnison comptait un peu plus de 16,000 hommes,
dont 3000 seulement de troupes solides appartenant à
l'armée permanente ; le reste se composait de mobiles qu'il
fallut équiper, dresser, aguerrir, hommes et officiers ; à la
fin du siège ils étaient devenus d'excellents soldats, ceux
du Rhône surtout. Les troupes spéciales faisaient presque complètement défaut ; on manquait surtout d'artillerie
de campagne pour appuyer les sorties. On ne put jamais
disposer que d'une batterie composée seulement de 3 canons de 4 et d'un canon de 12, et commandée par le capitaine Verchère [3].

---

[1] Par le départ de 2000 habitants et de tous les étrangers en octobre.

[2] A ces chiffres on peut ajouter les suivants : sel, 287 jours ; café,
322 jours ; sucre, 160 jours ; vin et eau-de-vie, 108 jours.

[3] La garnison se composait des troupes suivantes :

Armée régulière : 1 bataillon du 84ᵉ de ligne ; 1 bataillon du 45ᵉ de
ligne ; le dépôt du 45ᵉ, d'un faible effectif ; 1 demi-batterie à pied du
7ᵉ d'artillerie ; 4 demi-batteries à pied du 12ᵉ d'artillerie ; 1 demi-com-
pagnie du 2ᵉ régiment du Génie.

Garde mobile : 1 compagnie du Génie formée dans la mobile du
Haut-Rhin ; 3 batteries du Haut-Rhin ; 2 batteries de la Haute-Garonne ; 3 compagnies du Haut-Rhin ; le 57ᵉ régiment provisoire formé
de 3 bataillons de la Haute-Saône ; le 4ᵉ bataillon de la Haute-Saône
(isolé) ; les 16ᵉ et 65ᵉ régiments provisoires formés chacun de 2 bataillons du Rhône ; 5 compagnies de Saône-et-Loire ; 2 compagnies des
Vosges.

Garde nationale mobilisée et sédentaire : 3 compagnies de mobilisés
du Haut-Rhin ; 390 gardes nationaux sédentaires de Belfort ; 100 doua-

L'état-major de ce corps d'armée était faible, ne comptant que huit officiers supérieurs, y compris le gouverneur et le colonel commandant de place, qui ne paraît pas avoir été d'un grand secours au colonel Denfert. Les officiers subalternes de la ligne étaient eux-mêmes très peu nombreux. Les officiers de mobiles, en grand nombre, avaient, sauf quelques exceptions, peu de valeur, ce qui s'explique par leur manque d'instruction militaire. « Dans cette situation, le gouverneur, dut confier chaque position à un officier qui lui paraissait le plus propre à la commander, et il garda ces officiers directement sous ses ordres, sans intermédiaires, de manière à conserver sur chacun d'eux une action plus rapide et un contrôle plus immédiat. Le soin des détails d'exécution était abandonné d'une manière complète à leur initiative personnelle. Les ordres se bornèrent donc à indiquer nettement à tous l'objectif qu'ils devaient se proposer dans l'intérêt du but commun, et les moyens dont ils pourraient disposer pour l'atteindre.... Le gouverneur exigeait en revanche, sur cette exécution, des rapports circonstanciés, qui lui permissent d'être toujours parfaitement au courant de la situation, de juger ses officiers et de les former par ses critiques [1]. »

Les principaux lieutenants du colonel Denfert furent : le capitaine du Génie Degombert, à qui l'on confia les

niers; quelques gendarmes à cheval et cavaliers isolés restés à Belfort. — On disposait seulement de 200 chevaux pour les transports et la batterie de campagne. · · L'artillerie, ligne et mobiles, comptait environ 1500 hommes. Bien commandés, tous nos canonniers furent admirables de courage et de dévouement, et infatigables au travail.

[1] Ed. THIERS, p. 23.

La place.

missions les plus variées, les plus difficiles, qu'il accomplit toutes avec un dévouement absolu, avec un incomparable courage, et qui se fit tuer au combat de Danjoutin (8 janvier) ; — le capitaine d'artillerie De la Laurencie, commandant l'artillerie de la partie haute du Château, officier très instruit, plein d'activité, d'initiative et de vigueur ; blessé grièvement par la chute d'une poutre qui, de 50 mètres de hauteur, lui était tombée sur les cuisses, il resta dans sa batterie, étendu dans une sorte de caisse, et continuant à commander ses hommes ; — le capitaine du Génie, Edouard Thiers, directeur des travaux du fort de Bellevue, d'une ardeur et d'une énergie prodigieuses, orateur plein de feu, entraînant les soldats et les mobiles par sa parole et surtout par son exemple, travaillant avec eux sous le feu de l'ennemi, mettant sans cesse la main à la pâte, comme l'on dit, et faisant ainsi exécuter des travaux qui paraissaient impossibles ; — le chef du bataillon du 84e régiment de ligne, le brave commandant Chapelot, excellent soldat, adoré de ses hommes, d'un calme imperturbable, conduisant toujours les sorties, couvrant toujours la retraite des mobiles et arrêtant toujours l'ennemi. Ajoutons que le commandant Chapelot était d'une tenue irréprochable, toujours rasé de frais et ganté, comme s'il eût été en soirée pendant la paix ; — le capitaine d'infanterie Perrin, ancien sergent, solide et dur soldat, et cependant bon comme une mère avec ses troupiers, d'un langage pittoresque, et qui disait un jour à un jeune officier de mobiles se plaignant du peu d'élan de ses mobelots : « S'ils ne marchent pas, on leur brûle la cervelle, et l'on dit qu'ils

sont venus au monde comme ça. » Quand le commandant
Chapelot lançait la compagnie Perrin sur l'ennemi, le capitaine recommandait toujours à ses hommes de ne pas tirer
avant d'être à bonne portée, et, à 300 mètres, il leur
criait : « Maintenant, amusez-vous ! » — Ajoutons à ces
noms ceux des capitaines du Génie Quinivet, chargé de la
défense de la gare, Brunetot, Journet, tué à l'assaut des
Perches le 26 janvier, Choulette, Krafft et Bornèque, ces
trois derniers du Génie auxiliaire ; les capitaines d'artillerie de la mobile, MM. Mariage et Blot ; le lieutenant
d'artillerie Schuller, tué à Bellevue le 31 décembre ; le
lieutenant d'artillerie, M. Gérard ; M. de Prinsac, des
mobiles de la Haute-Saône, créateur des compagnies d'é-
claireurs, qui firent aux Allemands une guerre incessante,
acharnée, partout et toujours, pour laquelle il fallait
autant d'adresse que de bravoure ; le capitaine Poret,
chef d'une autre compagnie d'éclaireurs. Tous, et tant
d'autres dont on trouvera les noms plus loin, admirables
soldats, dignes auxiliaires de Denfert.

CHAPITRE II

L'INVESTISSEMENT

(2 novembre 1870 — 5 décembre 1870)

La nouvelle de la capitulation de Metz (29 octobre) jeta la consternation dans Belfort; on apprenait en même temps l'arrivée prochaine de l'ennemi. Maîtres de Strasbourg et de Metz, de l'Alsace et de la Lorraine allemande, libres maintenant de leurs mouvements, les Allemands se portèrent le 1ᵉʳ novembre sur Belfort, qui manquait à leur conquête de la France du nord-est, et dont la prise complétait le démantèlement de notre frontière.

Denfert avait mis le temps à profit. Quand les Allemands arrivèrent, la place était en état de leur tenir tête, comme elle le leur prouva. Toutes les routes qui conduisent à Belfort : route de Strasbourg par Thann, — route de Bâle par Dannemarie, — route de Bussang par Giromagny, — route de Montbéliard par Sévenans, — route de Lure par Héricourt, toutes étaient bien gardées, de sorte que la place ne pouvait être surprise. Denfert devait en tout cas être prévenu à temps et pouvoir prendre les mesures nécessaires.

La marche des Allemands se fit, comme on s'y attendait, par la route de Strasbourg. M. Keller, avec ses corps francs, devait défendre la vallée de Thann : à peine l'attaque commencée, ces soldats, plus bruyants que solides, furent débordés, battirent en retraite et ne reparurent plus. Ils auraient pu cependant rendre quelque service en harcelant l'Allemand sur son flanc droit, pendant le combat qui allait se livrer le lendemain à Roppe ; mais M. Keller se retira à Bussang pour rallier l'armée des Vosges. Un autre corps, commandé par le colonel Perrin, ne fut aussi d'aucun secours ; il se replia sur Montbéliard.

Denfert restait seul. Résolu à défendre les approches de la place et à retarder autant qu'il le pourrait la marche de l'investissement, il livra, le 2 novembre, le combat de Roppe.

Notre ligne s'étendait de Roppe à Gros-Magny. A Roppe, les mobiles du Rhône tinrent ferme ; à Gros-Magny, on battit en retraite beaucoup trop vite. Il fallut donc évacuer Roppe, dont l'ennemi n'avait pu nous déloger. En même temps on faisait sauter, à Dannemarie, le grand viaduc de la Largue, sur le chemin de fer de Bâle à Mulhouse. Si les mobiles de Roppe n'avaient pas défendu énergiquement le village comme ils le firent, le détachement qui revenait de Dannemarie avait sa retraite coupée et était perdu pour Belfort.

La destruction du viaduc de Dannemarie était grave pour l'ennemi ; il se trouvait dès lors privé d'une voie ferrée qui lui était nécessaire pour le transport facile de ses canons et de ses projectiles, qu'il fallait débarquer, trainer et rembarquer pour les amener aux batteries élevées devant la place.

L'ennemi nous repoussa aussi à Eloie, passa la Savoureuse et vint occuper les villages de Châlonvillars, Buc et Banvillars, pendant qu'une autre colonne arrivant à Sévenans, complétait l'investissement de la place (2 novembre). Les Allemands se mirent aussitôt à retrancher les villages qu'ils occupaient, et continuèrent leurs travaux malgré le feu de la place. « Les troupes, dit le capitaine Wolf [1], se trouvaient ainsi placées en cercle, à 5500 mètres autour de la place. »

Le corps assiégeant, évalué à 25,000 hommes par le colonel Denfert [2], ne se composait d'abord, au dire des Prussiens [3], que d'une division de 10,000 hommes, dont 8000 d'infanterie, éparpillée sur une ligne d'investissement de 40 kilomètres [4]. « On est en droit de supposer, dit avec raison, le colonel Denfert [5], qu'on eût forcé l'ennemi à se retirer, si pendant le mouvement de l'investissement, M. Keller et le colonel Perrin fussent venus joindre leur action à celle de la garnison. » Le capitaine Wolff confirme cette opinion : « On voit, dit-il, que si le corps du colonel Perrin avait voulu agir en même temps

---

[1] *Le siège de Belfort* rédigé par ordre de l'inspection générale du corps du Génie et d'après les documents officiels par le capitaine du Génie Paul WOLFF, traduit par le capitaine belge BODENHORST. Bruxelles, 1877, in-8°, p. 65.

[2] *La défense de Belfort*, p. 78.

[3] WOLFF, p. 63.

[4] WOLFF, p. 69.

[5] *La défense de Belfort*, p. 78.

que la forteresse, il eût pu menacer sérieusement l'investissement. »

Le 8 novembre, un régiment de landwehr poméranienne et un bataillon de fusiliers du 67e régiment, vinrent renforcer les assiégeants.

Dès le 3 novembre Belfort était bloqué et n'avait rien à attendre de l'extérieur. La ville livrée à elle-même n'était pas d'avis de se défendre ; les déplorables exemples donnés partout de garnisons et de populations, d'armées même, capitulant lâchement sans combattre, ou après un simulacre de résistance, avaient affaissé le patriotisme des habitants de Belfort. La garde mobile alors ne valait pas grand'chose ; pas mal d'officiers de la garnison croyaient peu au succès, partant à l'utilité de la défense ; bref, Denfert aurait été d'avis de capituler et d'ajouter son nom à la liste, déjà bien longue de ceux qui avaient déshonoré le drapeau de la France, qu'il aurait trouvé presque tout le monde satisfait de ne pas faire son devoir. On fut mécontent de sa résolution, et l'exaspération contre lui fut au comble quand le bombardement et l'incendie commencèrent. Son impopularité fut extrême pendant le siège. Le conseil municipal ayant laissé voir une opinion peu favorable à la résistance, Denfert lui interdit de se réunir. Ceux qui voulaient se rendre en furent réduits à se venger par de lâches paroles, qui sont sorties de Belfort et se sont fait entendre même au pied de la tribune de l'Assemblée nationale. Depuis, la ville a oublié ses souffrances et a reconnu quel service il lui avait rendu en la forçant à subir le bombardement pour rester à la France.

Seul décidé à faire son devoir, avec l'aide de quelques

officiers dévoués et du maire de la ville, l'admirable
M. Mény, Denfert répétait son mot favori : « Moi vivant,
Belfort ne se rendra pas ; » il opposait à toute observation,
à toute crainte, un héroïque entétement et une invincible
résolution de se défendre. Il parvint enfin à relever les
courages du plus grand nombre, à ranimer la population, à
réveiller son patriotisme, à lui faire endurer avec résignation ses terribles souffrances, en un mot à s'élever à sa
hauteur, et il força les lâches à manger leur peur en si-
lence.

C'est donc bien à Denfert, à Denfert seul, que la France
doit la conservation de Belfort et la frontière du nord-
est qui la défend encore.

L'armement des forts et des Perches, les blindages, les
abris, l'achèvement du fort de Bellevue, les travaux de
défense à faire aux villages et aux positions extérieures à
occuper pour les besoins de la défense avancée, n'étaient
pas achevés quand l'investissement commença. A Bellevue
surtout il y avait beaucoup à faire. On redoubla d'ardeur,
on travailla sans relâche, souvent sous le feu de l'ennemi.
On occupa la Forge, Pérouse, Danjoutin, Bavilliers et
les bois qui avoisinent ces villages ; on les couvrit par des
tranchées ; on crénela les murs et les maisons ; on établit
des postes sur le Mont, entre Cravanche et Essert. En
résumé, la ville fut entourée, à 2500 et 3000 mètres, d'un
cercle de troupes généralement placées dans de bonnes
positions, soutenues par le feu de la place, surveillant
tous les abords et pouvant déjouer par leur activité toutes
les tentatives de l'ennemi. Nulle précaution, en tout genre.
ne fut négligée.

Le général von Treskow, qui commandait les Allemands, n'était pas alors assez fort pour nous empêcher de terminer nos travaux de défense ; de plus, il était tenu à distance, non seulement par le feu de la place et nos positions avancées, mais aussi par la guerre sans trève ni relâche que faisaient partout à ses postes et à ses sentinelles, les petites sorties de la garnison, les compagnies d'éclaireurs et les francs-tireurs qui, revenus enfin, ne cessaient de harceler les derrières et les communications de l'ennemi. Quoique assiégeants, les Allemands en étaient réduits à se tenir sur la défensive [1]. Cette guerre incessante, les marches énormes, un travail pénible et presque sans repos, le séjour prolongé dans des cantonnements exposés à un feu continuel affaiblissaient beaucoup le moral des troupes allemandes [2]. Elles n'avaient plus de repos, ni le jour ni la nuit [3], étant sans cesse attaquées, ou d'une manière sérieuse, ou par une attaque simulée suivie d'une retraite rapide.

Le 4, un parlementaire, envoyé par le général von Treskow, commandant les forces prussiennes concentrées devant Belfort, vint apporter au colonel Denfert la lettre étrange qu'on va lire :

Très honoré et honorable commandant,

Je me fais un honneur de porter très respectueusement à votre connaissance la déclaration suivante :

Je n'ai pas l'intention de vous *prier de me rendre la place de*

---

[1] WOLFF, p. 107 — 15 novembre.
[2] *Idem*, p. 118, — vers le 28 novembre.
[3] *Idem*, p. 90. — *La défense de Belfort*, p. 90.

Belfort; mais je vous laisse le soin de juger s'il ne conviendrait pas d'éviter à la ville toutes les horreurs d'un siège, et si votre conscience, votre devoir ne vous permettraient pas *de me livrer la forteresse* dont vous avez le commandement.

Je n'ai d'autre intention, en vous envoyant cet écrit, que de préserver autant que possible la population du pays des horreurs de la guerre. C'est pourquoi je me permets de vous prier, dans la limite de vos pouvoirs, de faire connaître aux habitants que celui qui s'approchera de la ligne d'investissement à portée de mes canons mettra sa vie en danger.

Les propriétaires des maisons situées entre la place et notre ligne d'investissement doivent se hâter de mettre tout leur mobilier en lieu sûr, car d'un instant à l'autre je puis être obligé de réduire les maisons en cendres.

Je saisis cette occasion de vous assurer de mon estime toute particulière, et j'ai l'honneur d'être,

Votre *très dévoué serviteur.*

Denfert répondit aussitôt :

Général,

J'ai lu avec toute l'attention qu'elle mérite la lettre que vous m'avez fait l'honneur de m'écrire avant de commencer les hostilités.

En pesant dans ma conscience les raisons que vous me développez, je ne puis m'empêcher de trouver que la retraite de l'armée prussienne est le seul moyen que conseillent à la fois l'honneur et l'humanité, pour éviter à la population de Belfort les horreurs d'un siège.

Nous savons tous quelle sanction vous donnerez à vos menaces, et nous nous attendons, général, à toutes les violences que vous jugerez nécessaires pour arriver à votre but ; mais nous connaissons aussi l'étendue de nos devoirs envers la

France et envers la République, et nous sommes décidés à les remplir.

Veuillez agréer, Général, l'assurance de ma considération très distinguée.

Le colonel Denfert avait pris le parti de ne rien cacher à la population, ni à la garnison, et de dire toujours la vérité Il mit donc à l'ordre du jour la lettre du général prussien et sa réponse.

L'ennemi, ayant envoyé le 6, le 7, et encore le 10 novembre, de nouveaux parlementaires chargés de missions insignifiantes, Denfert refusa de les recevoir[1]. Dès ce moment, il n'y eut plus de relations entre l'assiégé et l'assiégeant.

La venue de ces parlementaires avait fait naître toutes sortes de faux bruits dans la ville ; on parlait déjà d'armistice ; il fallait couper court à ces rumeurs qui ne pouvaient qu'affaiblir le moral de la troupe ; il fallait aussi ne pas laisser von Treskow envoyer des officiers faire des reconnaissances dans nos lignes sous prétexte d'apporter des lettres.

En même temps, on poussait les travaux de Bellevue, fossés, traverses, abris, avec une activité fébrile ; on garnissait le fort et ses alentours de troupes et de canons, de façon à pouvoir repousser l'ennemi, s'il cherchait à enlever de vive force une position qui lui aurait permis de commencer contre la place une attaque rapprochée très dangereuse.

---

[1] Les officiers prussiens venaient surtout pour voir les effets de leur tir, et le régler.

Le 10 novembre, Denfert ordonna une sortie sur Châlonvillars, à l'ouest; le 11, il en fit faire une autre sur
Sévenans, au sud; le 15, une troisième sur Bessoncourt, à
l'est. Dans cette dernière, le brave commandant du bataillon des mobiles de la Haute-Saône, M. Lanoir, se fit tuer
en essayant d'entraîner ses hommes. Les officiers du 84e
les ramenèrent au feu avec peine. Ces sorties eurent aussi
pour résultat d'aguerrir nos mobiles, qui n'étaient pas
encore des soldats.

De leur côté, les Allemands complétaient l'investissement de Belfort, en occupant Montbéliard et Mulhouse. Le
8 novembre, ils entrèrent sans combat dans Montbéliard ;
dès lors von Treskow était couvert du côté de Besançon et du Doubs, sur les rives duquel se livraient sans
cesse de petits combats, qui inquiétaient justement les
assiégeants [1]. Le 14 novembre, les Allemands occupèrent
Mulhouse, à cause des 30,000 ouvriers qui s'y trouvaient,
et auxquels on donna de l'ouvrage pour les empêcher d'aller grossir les rangs des francs-tireurs.

Le combat de Bessoncourt avait été la première affaire
sérieuse que la place avait tentée. Les Français avaient été
repoussés, mais c'étaient les Allemands qui avaient été
attaqués et qui étaient obligés de se tenir sur la défensive.
La situation devenait difficile pour le général von Treskow, dont le corps d'armée était par trop faible : si Denfert
avait eu des troupes solides, il eût forcé l'ennemi à la retraite. Les Allemands ne pouvaient sortir de leurs lignes,
pour se rapprocher un peu de la place, sans tomber au

---

[1] WOLFF, p. 84.

milieu de nos soldats, sans être engagés dans un combat et sans recevoir les obus de nos forts [1].

Le général prussien signala à M. de Moltke l'impossibilité de prendre Belfort par un simple investissement, car il y avait des vivres pour plusieurs mois. Devant la défense extérieure active et énergique que faisait Denfert, ce n'était pas lui qui était attaqué, c'étaient les Allemands, qui ne pouvaient s'approcher de la place qu'à la distance de 3000 mètres. Von Treskow insista sur la force de Belfort, sur les nouveaux travaux qu'on y avait faits; il montra que si le vrai point d'attaque était par le sud et par les Perches, de ce côté la place était si forte, qu'il était encore impossible de tenter l'entreprise [2]; qu'il fallait cependant faire quelque chose et se rapprocher enfin de la ville; qu'on ne pouvait rester indéfiniment immobiles dans les lignes d'investissement, et qu'il fallait essayer d'un bombardement préliminaire; que d'après ce qui s'était passé partout, il était probable qu'un bombardement de 8 à 15 jours amènerait la capitulation [3]; qu'il fallait attaquer la place par l'ouest, et avec au moins 100 pièces de canon. Il dit encore qu'après avoir pris Bellevue, on prendrait les Barres, et que de là on attaquerait la place; que c'était de ce côté où l'on avait le plus de chance de succès, et que, puisqu'on venait de s'emparer de Neuf-Brisach, on pouvait enfin commencer le siège de Belfort.

M. de Moltke accepta les propositions du général von

[1] Wolff, p. 110.
[2] Guerre franco-allemande, publication de l'Etat-major allemand, t. II, p. 965
[3] Wolff, p. 121-122.

Treskow, et celui-ci reçut enfin les renforts qui lui devenaient indispensables. Son corps d'armée fut porté à 16,000 hommes d'infanterie, 1100 chevaux et 30 bouches à feu. Vers le 20 novembre, le matériel et le personnel de siège commençaient aussi à arriver[1]. En lisant les livres allemands on a la douleur de voir qu'une partie des canons et des obus employés contre Belfort sont des canons et des obus français pris à Metz, à Strasbourg et partout : car partout les gouverneurs de nos places, ignorant les règlements, la tradition et leur devoir, ont négligé, dans leur hâte de capituler, de détruire leur matériel de guerre, ce qui est impérieusement exigé par les règlements. Tous manquèrent à ce devoir essentiel, et cependant aucun n'a été puni.

Von Treskow put alors passer de la défensive à l'offensive. Il résolut de s'emparer du Mont, et de là, à 3000 ou 4000 mètres, de bombarder la ville, le faubourg de France, les Barres et les Perches, dont on prenait les ouvrages à revers. L'attaque fut ordonnée pour le 23 novembre.

Nos soldats qui étaient campés au Mont souffraient toutes les misères ; la neige et la pluie, qui ne cessaient de tomber, avaient changé le sol, formé de marne, en mares d'une boue profonde et tenace ; la petite-vérole y sévissait aussi cruellement qu'à Belfort ; la paille manquait ; on ne savait où se coucher ; la prudence défendait de laisser, pendant la nuit, allumer des feux, bien nécessaires cependant pour sécher et réchauffer nos malheureux soldats ; ils

---

[1] 5 compagnies d'artillerie de siège, 4 compagnies de pionniers (Génie), 4 canons prussiens, 4 canons français.

ne pouvaient se chauffer qu'à des brasiers à demi-éteints ; les chaussures étaient détestables, l'habillement se composait d'une mauvaise vareuse. Les plaintes les plus lamentables partaient du Mont, et cependant il fallait absolument garder cette position, d'où l'ennemi aurait des vues sur Belfort. Denfert ordonna de construire des baraques, avec du bois coupé dans la forêt et avec des débris de caisses à biscuit, car les planches manquaient à Belfort.

Les Allemands furent vigoureusement repoussés au Mont même, mais ils restèrent maîtres des villages de Cravanche et d'Essert ; ils revinrent à la charge le lendemain, et finirent par s'emparer du Mont. Les troupes de von Treskow, plus tenaces, plus solides, eurent raison de nos mobiles, malgré l'énergie de leur résistance.

Aussitôt von Treskow fit établir les batteries d'Essert, fort dangereuses pour la place. On ne put y répondre qu'en retournant plusieurs pièces du Château, et l'on vit alors les excellents effets de la méthode du tir indirect. Le capitaine Wolff, en parlant de notre tir contre les batteries d'Essert, remarque avec étonnement[1] que « cependant les lignes de la défense ne les voyaient de nulle part ».

Dans ces combats, l'assiégeant avait employé des ruses qui trompaient facilement nos jeunes soldats et leur loyal caractère. Denfert, pour mettre en garde la garnison contre ces supercheries, fit l'ordre du jour suivant :

Les troupes sont prévenues que l'ennemi emploie toutes les ruses possibles pour dérouter nos soldats.

Ainsi, au combat du Mont, le 23 novembre, les Prussiens

---

[1] Page 145.

ont fait sonner par leurs clairons la retraite de nos troupes. La même ruse paraît avoir été employée, mais sur une échelle moins étendue, le 15, au combat de Bessoncourt.

Des Prussiens, vêtus de capotes analogues à celles de nos artilleurs, ont répondu *France* au *Qui vive* de nos sentinelles, et ont ensuite fusillé nos troupes presque à bout portant.

Une autre fois ils se sont présentés vêtus de capotes provenant de campements abandonnés, et de pantalons rouges.

Enfin, on les a entendus dire, au Mont, lorsqu'ils s'approchaient pour l'attaquer : « Ne tirez pas, ce sont des mobiles ! »

Il importe donc que les commandants de détachements soient exactement informés des positions des troupes qui opèrent, soit en avant d'eux, soit sur leurs flancs, de manière à ce qu'ils sachent exactement, lorsqu'ils voient une colonne s'avancer sur un autre point qu'elle ne peut être qu'ennemie.

Ainsi prévenues, nos troupes ne se laissèrent plus surprendre.

On ne pouvait penser, avec des soldats encore si peu solides, reprendre le Mont, mais il fallait prouver à l'ennemi que nous n'étions pas abattus. Denfert ordonna une sortie sur Sévenans. En même temps le Château criblait le Mont de ses obus. Nos colonnes parties de Danjoutin allèrent bousculer les lignes prussiennes de Sévenans, et revinrent, sans pertes sérieuses (6 blessés), à la fin de la journée.

La perte du Mont et des villages de Cravanche et d'Essert donnait à l'ennemi de sérieux avantages ; il les compléta en s'emparant, le 28, du village de Bavilliers, et aussitôt il ouvrit, à 1100 mètres, sa première parallèle contre Bellevue.

Il devenait évident que l'ennemi allait bientôt commen-

Vue de Belfort prise des Barres.

cer le bombardement de Belfort. Denfert l'annonça à la ville, et ordonna de prendre les mesures nécessaires pour lutter contre l'incendie, bien plus redoutable que les obus.

A ce moment, grâce au mois de novembre tout entier que le colonel Denfert a su si bien mettre à profit, les travaux de défense sont partout terminés ou sur le point de l'être. L'armement du Château et des forts est achevé ; les Perches sont à peu près terminées et armées [1] ; le fort de Bellevue, quoique encore sans abris, est en état de résister à un coup de main, et est protégé par la Gare, mise en état de défense ; on l'a relié au fort des Barres par une longue tranchée ; les villages de la Forge, de Danjoutin et de Pérouse sont en bon état de défense. Tous les forts et villages sont reliés entre eux et au cabinet du gouverneur par un réseau de fils télégraphiques, qui permet à Denfert de savoir immédiatement ce qui se passe partout, et de donner ses ordres aussitôt. Le soin de réparer chaque jour les fils coupés par les obus constituait un travail pénible et dangereux, qui fait grand honneur à M. Robert, inspecteur des télégraphes du Haut-Rhin, chargé de ce service.

Le moral de la population, grâce à Denfert et à l'élite de ses officiers, est alors relevé ; le parti républicain surtout est partisan de la résistance ; chez presque tous les habitants la peur avait disparu. On le vit bien quand le *Journal de Belfort* ayant proposé à mots couverts de

---

[1] Chacune des hauteurs des Perches était défendue par un ouvrage en terre présentant un front d'environ 300 mètres, avec fossés de 6 mètres sur 3 taillés dans le roc. Chaque ouvrage renfermait une garnison et 7 pièces de 12.

capituler pour éviter le bombardement, les officiers de la
garde nationale sédentaire et de la garde nationale mobilisée firent une énergique protestation contre cet article.
Il faut citer ici les deux lettres qui furent écrites à cette
occasion ; elles font bien connaître les deux courants d'opinion qui régnaient à Belfort.

PROTESTATION

*Adressée à M. le Commandant supérieur par les gardes
nationaux sédentaires de Belfort.*

Monsieur le gouverneur,

La population de Belfort vient protester contre deux articles
insérés dans le dernier numéro du journal hebdomadaire de
cette ville.

Le rédacteur de cette feuille, sans oser nous dire ouverte-
ment que notre cité devrait capituler pour ne pas subir le
bombardement dont elle est menacée, insinue cependant que
son rôle militaire est nul et sa résistance inutile ; il raille le
patriotisme de ses concitoyens, qui sont résignés à tout souffrir pour conserver à notre France un pied en Alsace.

Nous désirons, comme lui, une paix prochaine et honorable ; mais nous ne l'attendons point de la chute de notre capi-
tale (Paris), que nous devons au contraire nous préparer à
venger, si nous ne pouvons la sauver avec nos armées du
nord, de l'ouest et du midi. La France ne peut pas périr.

Tels sont les sentiments véritables de la population belfor-
taine, qui pense comme vous, Monsieur le gouverneur, et notre brave garnison, que nous devons défendre Belfort jusqu'à
la dernière extrémité, et déjouer par notre invincible résistance et notre attachement à la République, les calculs politiques de la Prusse, qui voudrait se faire un titre de l'occupation entière de l'Alsace pour conserver notre belle province.
Ce sera notre éternel honneur à tous.

A la réception de cette lettre, terminée par un très grand nombre de signatures, le colonel écrivit au rédacteur du *Journal de Belfort :*

Monsieur le rédacteur,

Deux articles de votre journal, inspirés par un esprit contraire à la défense de la place et aux intérêts du pays, ont motivé, de la part des officiers de la garde nationale sédentaire et de la garde mobilisée, une protestation que je vous invite à insérer dans votre prochain numéro, en la faisant précéder de la présente lettre, qui témoigne de ma complète adhésion aux sentiments exprimés par cette protestation.

Le rédacteur se tira d'affaire en insérant « avec empressement » la protestation, en disant qu'on avait mal compris ses intentions et que jamais il n'avait eu les mauvaises pensées qu'on lui avait attribuées.

En vain les Prussiens vont-ils jeter sur Belfort des centaines de mille d'obus pendant soixante-treize jours. La population et la garnison, dominées et soutenues par la volonté inflexible de Denfert, sauront supporter le plus terrible bombardement, en opposant leur patriotisme et leur résignation à toute la violence que l'ennemi emploiera pour les faire fléchir.

CHAPITRE III

LE BOMBARDEMENT

ATTAQUE DE LA PLACE PAR L'ARTILLERIE DU CÔTÉ DE L'OUEST

(5 décembre 1870 — 8 janvier 1871)

Aux pluies persistantes qui avaient ralenti les travaux de l'ennemi et qui auraient fini par les rendre impossibles, succéda un froid assez vif. L'hiver commençait avec le bombardement. Le 1er décembre, le thermomètre descendait à — 8° avec un vent sec de nord-est ; le 3, la neige commençait à tomber, et, le 8, elle couvrait le sol à 35 centimètres d'épaisseur.

Ce fut le fort de la Miotte qui répondit aux premiers obus allemands, le 3 décembre à neuf heures du matin. A ce moment, M. Grosjean, préfet du Haut-Rhin [1], adressait aux habitants la proclamation suivante :

---

[1] M. Grosjean, préfet du 4 Septembre, était venu s'enfermer dans Belfort.

Citoyens,

L'heure du péril est venue et avec elle l'heure des dévoue-
ments.

Je connais trop votre patriotisme pour avoir besoin de lui
faire un suprême appel. La population civile et la population
militaire, unies par les liens d'une entière et légitime confiance, seront dignes l'une de l'autre dans la lutte qu'elles sont
appelées à soutenir.

L'histoire dira un jour que les lâchetés et les trahisons de
Sedan et de Metz ont été rachetées par le courage de Belfort ;
elle dira qu'il ne s'y est rencontré ni un soldat ni un habitant
pour trouver, au jour du danger, les sacrifices trop grands
ou la résistance trop longue ; elle dira enfin que tous, sans
hésitation et sans défaillance, nous avons serré nos rangs
au pied de votre Château : c'est pour nous aujourd'hui plus
qu'une forteresse, c'est la France et l'Alsace, c'est deux fois
la patrie.

Citoyens, que chacun de nous remplisse son devoir à ce cri
qui était autrefois un gage de la victoire et qui la ramènera
sous nos drapeaux :

Vive la République !

Les Belfortains, en effet, surent faire leur devoir ; pendant les soixante-treize jours que dura le bombardement,
tous firent preuve de courage et d'abnégation. Le maire
de la ville, dans le récit qu'il a publié du siège de Belfort[1],
a rendu justice à ses concitoyens :

Il est de notre devoir, dit-il, de proclamer hautement, pour
le présent et l'avenir, que les habitants de notre cité héroïque, malgré toutes les souffrances qu'ils ont eu à endurer, et
les pertes douloureuses de toute nature qu'ils ont éprouvées,

---

[1] *Le siège de Belfort*, par MÉNY. Belfort, 1871, in-12, p. 141.

ont supporté ce siége avec un courage et une abnégation qui
ne se sont jamais démentis. Jamais aucun d'eux n'a fait entendre une parole de désespoir ou de défaillance, et n'a cherché à exercer la moindre pression sur les résolutions de l'autorité militaire. Si beaucoup d'entre eux ont eu leurs familles
décimées ; s'ils ont vu leurs intérêts les plus chers à jamais
compromis ; s'ils ont perdu une partie de leur bien et de leur
fortune, tous peuvent dire avec orgueil qu'ils ont sauvé ce
qu'ils avaient de plus précieux : leur honneur et leur natio-
nalité. Ils ont été dignes enfin d'être conservés à notre mal-
heureuse France.

Les autorités civiles et militaires avaient pris toutes les
mesures, toutes les précautions nécessaires pour atténuer
les effets des obus et de l'incendie. Le colonel Denfert
trouva de précieux auxiliaires dans M. Grosjean, M. Stehelin, avocat, M. Laurent, ingénieur civil, M. Belin,
lieutenant du Génie de la mobile, attaché à l'état-major
du gouverneur, M. Duquesnoy, capitaine des pompiers, et
surtout dans M. Mény, maire de la ville et l'un des notaires
les plus importants de l'arrondissement.

M. Mény, en 1870, avait 52 ans. Il était maire de Belfort depuis 1855. Il avait déjà obtenu pour son dévouement
pendant l'épidémie de choléra en 1855, pour avoir sauvé
un enfant qui se noyait, et pour d'autres actes de même
nature, deux médailles et la croix de la Légion d'Honneur
(1859). Il avait été, pendant quatre ans, capitaine des
pompiers. Le siège donna à M. Mény l'occasion de mettre
en évidence ses brillantes qualités de courage et de dévouement. On le vit partout et toujours où il y avait
un devoir à remplir, rassurant la population et relevant
les courages : aux incendies, dans les hôpitaux et dans les

caves où s'étaient réfugiés les habitants, sous les obus ou dans des milieux sans air et empestés. Grand et enveloppé dans son manteau, il était partout et donnait à tout le monde l'exemple de la bravoure, du dévouement et de la générosité.

M. Grosjean, ancien élève de l'École polytechnique, comme le Maire, soutint tout le monde dans ces terribles jours du siège.

Encouragés, enhardis enfin par l'exemple que les plus braves leur donnèrent, beaucoup d'habitants se décidèrent à sortir de chez eux, malgré la pluie de fer qui était incessante. Au bout de huit jours de bombardement, on sortait; on évitait les obus en prenant l'habitude de la direction du tir, et au besoin en se réfugiant dans les abris préparés.

M. Stehelin fut l'organisateur et le directeur du service des guetteurs d'incendie et de leurs surveillants. Il fut aussi plein d'énergie et de dévouement, et très bien secondé par MM. Laurent et Belin. Ce fut grâce à ce service que la ville ne fut pas complètement brûlée et détruite, et que même l'incendie y fit relativement peu de ravages.

Dès le 10 novembre, M. Mény avait publié l'avis suivant :

Le maire de Belfort engage de nouveau les citoyens qui voudront bien se dévouer au service de guetteurs en cas d'incendie, à se faire inscrire dans les bureaux de la Mairie.

Il a l'honneur de porter à la connaissance de ses administrés que la Municipalité va faire établir, dans les différents quartiers de la ville, des abris blindés qui serviront aux guet-

Village de Pérouse.

teurs et, en même temps, de refuges aux habitants qui pourront être surpris dans les rues pendant le bombardement. Dans la même pensée, le Maire croit devoir prévenir tous les propriétaires qu'ils devront laisser les portes de leurs maisons constamment ouvertes pendant le bombardement, afin que chacun puisse s'y réfugier au besoin et porter secours en cas de danger. Enfin, le Maire fait connaître que les caves de l'Hôtel de Ville, entièrement voûtées, viennent d'être disposées pour recevoir le plus grand nombre de personnes qui n'auront pas d'abri sûr dans leurs maisons. Il fera connaître ultérieurement les autres caves de la ville qui pourront avoir la même destination.

Dès le 24 novembre, il tomba quelques obus sur la ville, mais ils ne produisirent aucun dommage. A l'époque où nous sommes arrivés il allait en être autrement.

Par son arrêté du 30 novembre, le Maire ordonna que des approvisionnements d'eau fussent placés dans les greniers et aux divers étages de chaque maison ; que les escaliers et les corridors fussent toujours éclairés ; que les portes des maisons fussent constamment ouvertes. Il régla la répartition des pompes à incendie et des postes de pompiers dans les différents quartiers de la ville et des faubourgs. Un veilleur de nuit gardera chaque maison ou chaque groupe de maisons de moindre importance. Un coup de sifflet permettra à chaque veilleur d'appeler à son secours les veilleurs voisins. Un corps de surveillants est établi ; ils seront répartis en plusieurs postes et auront pour mission de s'assurer que toutes les maisons sont ouvertes et approvisionnées d'eau, et que les veilleurs font leur service.

Les veilleurs de nuit se recrutèrent parmi de braves

òuvriers à qui l'on donnait 4 francs par nuit. Les surveillants se composèrent de 21 citoyens qui s'offrirent de
bonne volonté pour faire ce service [1].

Les pompiers civils, dirigés par leur capitaine, M. Duquesnoy, furent admirables de courage ; trois furent amputés. Leur service était très périlleux, une maison qui
flambait devenant un point de mire sur lequel les Allemands
lançaient aussitôt de nouveaux obus. Les pompiers militaires, tirés de la mobile, étaient commandés par le lieutenant Belin.

Grâce aux veilleurs, aux pompiers, aux provisions d'eau
établies partout, les premiers secours se trouvaient toujours
sur les lieux, et l'on put ainsi empêcher les incendies de
se développer. Les faubourgs, où les secours avaient été
moins bien organisés, furent plus maltraités que la ville.

En même temps on établissait dans les rues des abris
blindés pour servir de refuge aux passants.

Les casemates de la place étant occupées par la garnison, les habitants durent se réfugier dans les caves. On
entra en cave le 3 décembre 1870 pour en sortir le 14 février,
après y avoir séjourné soixante-treize jours. « Les caves, dit
M. Belin [2], ont été disposées pour recevoir le plus de monde
possible. Elles sont en général pourvues de fourneaux et
des meubles les plus nécessaires. C'est un spectacle curieux
que celui des rues de la ville. Elles sont bientôt désertes :

---

[1] Il y avait aussi dans les forts des guetteurs pour surveiller les
batteries ennemies. Munis d'un cornet, ils sonnaient chaque fois qu'ils
apercevaient la flamme produite par le tir d'un canon, et au son du
cornet, chacun se garait aussitôt.

[2] *Le siège de Belfort*, Paris, 1871, in-12, p. 55.

quelques rares passants s'empressent de faire leurs dernières
provisions, de prendre leurs dernières précautions. A droite
et à gauche, les soupiraux des caves sont murés ou bou-
chés avec du fumier et de la terre. Chaque soupirail est
traversé par un tuyau de cheminée, d'où l'on voit sortir
de la fumée. Cet état de choses rend les trottoirs impraticables. » On sortait des caves, on allait respirer, les jours
où le bombardement diminuait. Cependant beaucoup d'habitants persistèrent à rester, malgré le danger, dans les
rez-de-chaussée, après avoir blindé plus ou moins bien les
étages supérieurs.

Les pauvres et ceux qui n'avaient pas de caves, s'installèrent dans celles de l'Hôtel de Ville et dans les caveaux
de l'église, qui donnèrent asile, les premières, à 200 personnes, les seconds à 176.

« De nombreuses familles, dit M. Belin [1], vivaient dans
ces lieux humides et malsains. Il serait difficile de voir un
tableau plus douloureux que celui de ces caves pendant le
bombardement. Les pauvres y étaient littéralement entassés ; quelques-unes avaient des fourneaux et des lits ; le
plus grand nombre reposait sur de la paille et se servait
du feu des autres pour préparer ses aliments. Il y avait
beaucoup de malades. La petite vérole y sévissait en per-
manence, et l'on avait de la peine à transporter aux hôpitaux, déjà trop pleins, les malades au fur et à mesure
qu'ils étaient frappés. Il arrivait parfois qu'une femme ac-
couchait à côté d'un malheureux qui se mourait, et la
couchette du nouveau-né prenait bientôt la place du gra-

---

[1] Page 139.

bat du moribond. Qu'on ajoute à cela la terreur que causait à ces infortunés la grêle de projectiles qui tombait surtout sur l'église et sur l'Hôtel de Ville [1], et l'on aura une idée des souffrances qu'ils endurèrent. »

Le Maire visitait chaque jour ces tristes demeures, pour veiller à l'aération, à l'hygiène et à la moralité, et il n'entendit que bien peu de plaintes parmi ces pauvres gens. Étant donnée l'agglomération de tant de misérables dans une telle demeure, il y eut heureusement moins de maladies et de morts parmi eux que l'on aurait pu le craindre. Il faut dire qu'ils étaient assez bien nourris, grâce aux soins du Maire, à la charité des riches et au bon cœur des mobiles. La Mairie donnait de la viande trois fois par semaine, et les mobiles faisaient parmi eux des collectes pour les pauvres, et souvent leur distribuaient une partie de leurs rations de pain.

Les blessés et les malades furent les plus malheureux de tous. Entassés dans des salles sans air, parce que dans tous les hôpitaux on avait été obligé de blinder, de boucher toutes les fenêtres ; soumis à un bombardement sans trêve, dont les projectiles venaient trop souvent éclater dans les salles, et blesser de nouveau les blessés qui s'y trouvaient, ils mouraient en grand nombre. Les deux maladies qui sévirent le plus violemment furent la fièvre typhoïde et la petite vérole. Celle-ci heureusement fut assez bénigne, mais dès la fin de décembre la fièvre typhoïde emplit les hôpitaux.

---

[1] L'église reçut 1500 obus ; elle en portait la trace. L'Hôtel de Ville a reçu plus de 200 obus.

Les médecins étaient trop peu nombreux ; les soins insuffisants. L'air des salles était mortel. Aussi malades, blessés et amputés mouraient presque tous. Le dévouement des médecins et de tous ceux qui étaient attachés au service des hôpitaux fut au dessus de tout éloge. On cite cependant le docteur Petitjean comme s'étant encore plus distingué que les autres. Il prodiguait surtout les soins moraux, les paroles d'encouragement et de consolation ; il savait conserver à ses malades l'énergie ou leur rendre le courage. Il sauva ainsi beaucoup de blessés. Au nom de M. Petitjean il faut ajouter celui du docteur Vautrain, habile chirurgien.

Les médecins firent preuve d'une grande vigueur d'esprit, sortant nuit et jour, bravant les obus et la chute des pans de mur ou des cheminées, ou des débris de toute sorte. La nuit, ils s'éclairaient d'une petite lanterne sourde.

Les Allemands bombardèrent avec acharnement les hôpitaux, malgré le drapeau de l'Internationale, dont ils couvraient frauduleusement leurs voitures de munitions pour les préserver de nos obus. Les leurs venaient jusque dans les salles de l'hôpital de l'Espérance [1] blesser les médecins, les sœurs de charité et les infirmiers, blesser ou tuer les malades, et les soumettre à un régime continuel de terreur, mortel pour un grand nombre [2].

Beaucoup de dames de la ville recueillirent dans leur

---

[1] Grande caserne transformée en hôpital.
[2] Les hôpitaux étaient : l'Espérance, l'hôpital civil et l'ambulance du faubourg des Ancêtres. Il y avait encore des lits au collège, à l'Hôtel de Ville, qu'on transporta au Tribunal civil quand les obus rendirent l'Hôtel de Ville inhabitable.

maison des malades et des blessés, et les soignèrent avec
un zèle admirable. Toutes travaillèrent sans relâche à préparer les linges dont avaient besoin les hôpitaux.

Les enterrements assez nombreux se faisaient la nuit,
sans feux, sans cortège, pour éviter d'éveiller l'attention
de l'ennemi. Chaque soir, le char des morts, à peine éclairé
par quelques lanternes sourdes, venait déposer les corps au
pied du fort de la Justice, dans une grande fosse que des
corvées militaires agrandissaient chaque jour.

Il nous faut maintenant reprendre le récit des événements militaires et faire connaître les principaux faits de
ce siège célèbre.

A huit heures du matin, le 3 décembre, l'ennemi ouvrit
le feu et commença le bombardement, au milieu de hourras frénétiques poussés par toutes les troupes. « Le moment était donc enfin venu, dit le capitaine Wolff [1], de
pouvoir lutter à armes égales contre la place, qui avait
inquiété impunément les troupes allemandes depuis quatre
semaines. Le soldat se sentait revivre en voyant tomber
les premiers obus dans la ville. »

Il avait payé cher cette satisfaction.

L'ennemi avait eu à vaincre les plus grandes difficultés
pour la construction de ses batteries et de ses tranchées.
La pluie, la neige, le verglas, la gelée et le dégel avaient
rendu les chemins impraticables et mis les chevaux hors
de service ; c'était la troupe qui était obligée de faire les
transports. Les tranchées et les batteries n'avaient pu être
creusées que dans un sol gelé qui faisait feu sous la pioche,

---

[1] Tome I, p. 173.

ou dans une boue profonde. Les batteries prussiennes sont enterrées, peu visibles et difficiles à atteindre ; mais la pluie les inondait, et les hommes y étaient plongés dans 80 centimètres d'eau, et au-dessous se trouvait encore une couche de vase épaisse de 30 à 40 centimètres. Epuisées de fatigues, mal nourries, mal vêtues, les troupes du corps de siège comptaient de nombreux malades [1], et la mort les décimait sans relâche.

Treskow avait ou allait bientôt avoir sous ses ordres : 34 bataillons [2], 10 escadrons de uhlans, 54 pièces de campagne, 8 compagnies de pionniers de place ou de siège, 26 compagnies d'artillerie de siège, un parc de siège composé de 151 canons et 54 mortiers, qui furent mis en action, avec 163 canons [3] et 72 mortiers en réserve, soit 440 bouches à feu.

A quoi il faut ajouter : 3 colonnes de vivres, 7 colonnes de voitures du parc, 1 escadron du train pour les escortes, 3 ambulances et le personnel de santé. Les troupes se composaient de Prussiens, et surtout de Bavarois, Badois et Wurtembergeois.

Le général von Treskow, après l'ouverture du feu, fit construire sans cesse de nouvelles batteries ; il en eut jusqu'à 53, armées de plus de 200 bouches à feu. Celles

---

[1] Au 16 décembre, il y avait 2500 malades sur un effectif de 26,000 hommes (WOLFF).

[2] En grande partie de landwehr.

[3] Dont 22 français. Ce fut aussi de notre arsenal de Strasbourg que Treskow reçut les pelles et les pioches dont il avait besoin (WOLFF, II, 7). — On reste stupéfait quand on songe au peu de prudence de nos gouvernements qui, depuis 1815, ont laissé nos arsenaux dans Metz et Strasbourg devenus places de première ligne, à l'extrême frontière.

Un coin de l'Hôtel de Ville pendant le bombardement.

qui commencèrent le bombardement furent les batteries d'Essert.

Une pluie de fer, 5000 obus[1], tomba sur la place. Le nombre de nos projectiles ne nous permit pas de répondre au tir de l'ennemi avec l'intensité nécessaire, mais on racheta par la précision du tir l'insuffisance du nombre. Notre feu bien dirigé fit assez de mal aux batteries allemandes, qui eurent beaucoup de peine à se maintenir. Le soir, elles comptaient 11 tués et 42 blessés[2]. Pour diminuer leurs pertes, les Allemands n'eurent plus que 2 servants par batterie à canons, et 3 par batterie à mortiers[3].

« La nuit qui suivit ce premier jour de bombardement fut marquée à Bellevue par un drame douloureux. L'ennemi avait tiré des projectiles incendiaires[4] dans les bâtiments compris à l'intérieur de l'ouvrage, et le feu consumait ces maisons. Sous leur rez-de-chaussée existaient des sous-sols formant comme des caves couvertes par de simples planchers au lieu de voûtes, et dépassant dans le haut la surface du sol, d'environ un mètre ou un mètre et demi. L'existence de ces caves créait le seul moyen possible d'arriver à se procurer assez vite des abris suffisants dans

---

[1] Les Prussiens disent 1000. Il me semble que leurs chiffres sont au-dessous de la vérité. Ils n'auraient tiré, disent-ils que 98,000 obus sur Belfort, ce qui paraît peu probable, étant donné qu'ils ont eu 55 pièces mises hors de service par leur propre tir, et qu'une pièce n'est usée qu'après avoir tiré de 4 à 5000 coups. Il faut dire cependant que le capitaine Wolff déclare (II, 322), que les pièces furent usées après un tir de 800 à 1300 coups.

[2] Wolff, I, 74.

[3] Wolff, I, 184.

[4] La Bavière fournissait des obus incendiaires (Wolff, t. II, p. 16).

la redoute, qui n'en avait pas un seul. Ces abris étaient en construction. On avait étayé les planchers des caves par des corps d'arbres formant poteaux, et on travaillait à les recouvrir d'un plancher nouveau de rails et de bois, pour supporter des terres, et les mettre à l'abri de la bombe. Une des caves était même à peu près terminée.

» C'était une question de vie ou de mort pour la redoute que d'arriver à sauver du feu qui les menaçait, les nombreux étançons déjà en place, qu'on n'avait nul moyen de remplacer s'ils venaient à périr, et qui avaient déjà coûté un énorme travail. Mais comme il n'y avait pas d'eau dans l'ouvrage, ni à proximité, et qu'un froid vif favorisait l'incendie, contre lequel on ne pouvait lutter qu'en ramassant de la neige à terre pour la jeter sur le feu, il eût fallu un travail actif de la part de la garnison, formée par le 2ᵉ bataillon du 57ᵉ (Haute-Saône). C'est ce qu'il fut impossible d'obtenir. Les mobiles terrifiés par l'arrivée continuelle des obus, opposèrent aux efforts de leur commandant et des officiers du Génie la plus indomptable force d'inertie. Les officiers ne firent rien pour la vaincre. On avait beau commander des corvées, y placer des officiers, elles fondaient entre les mains. Ni réprimandes, ni menaces, ni exhortations n'y firent, et l'incendie, activé par les projectiles qu'y lançait l'ennemi, pour en rendre l'extinction périlleuse, devenait de plus en plus menaçant pour ces malheureux abris. Les officiers du Génie, MM. Thiers et Journet, aidés du capitaine Mathey et du sergent Tunis, qui comprirent leur devoir, travaillaient de leurs mains, comme des manœuvres, dans l'incendie, piétinant le feu, et retirant les poutres enflammées qu'ils essayaient d'éteindre en y apportant de la neige dans des pelles ou même dans leurs mains. Ils ne quittaient leur accablante besogne que d'instants en instants pour mener au travail, à coups de bâtons comme des bêtes, les hommes affolés que le brave commandant Lang et son adjudant-major M. Guillet traquaient dans le fort partout où ils se cachaient. Mais les quelques hommes réunis ainsi avec violence se dispersaient bientôt, laissant seuls les trois officiers et le sergent, uniques ouvriers de cette lutte avec le feu. Vers le milieu de la nuit, ces officiers accablés par la fatigue et par une longue et épuisante indignation, furent sur le point de tout abandonner. Le commandant Lang en était aux larmes.

» Mais, se souvenant de la patrie, ils reprirent encore courage, et le capitaine Thiers fit demander en ville, par le télégraphe, une pompe à incendie, ce qu'il n'avait pas encore fait, ne comptant guère sur ce moyen par un froid qui gèlerait l'eau dans le long parcours nécessaire pour en apporter dans l'ouvrage. M. Chaplain, commandant du Génie [1], mit toute l'activité possible pour envoyer sans délai cette pompe, qu'il fit remplir d'eau chaude. Vers deux heures du matin, elle était arrivée ; mais l'eau chaude avait gelé en route. On fut longtemps avant de pouvoir la dégeler au moyen de brandons de l'incendie. Enfin on commençait à la manœuvrer, mais avant qu'elle eût donné une goutte d'eau, un éclat d'obus vint la briser.

» Après cet accident désespérant, MM. Mathey et Guil-

---

[1] M. Chaplain était en retraite ; à la guerre, il rentra au service et alla s'enfermer à Belfort.

let, épuisés, grelottant de fièvre, durent abandonner la partie, et MM. Thiers et Journet continuèrent seuls leur labeur jusqu'au jour.

» Ils rentrèrent alors en ville, à bout de forces, et laissant derrière eux le bataillon coupable, couché dans la neige, de droite et de gauche, au pied des parapets, dans les endroits les mieux abrités contre les projectiles.

» Les toitures et tous les planchers étaient brûlés. L'abri fini était détruit, et les caves à moitié comblées par les débris. Néanmoins les efforts opiniâtres de ceux qui avaient travaillé avaient sauvé du feu les étançons, dont le sommet seul brûla un peu.

» Ce désastre devait coûter bien des efforts pour refaire les abris ; mais on y put parvenir, puisque les étançons étaient sauvés[1]. »

Le bataillon fut dissous, et les hommes versés par groupes dans les autres bataillons de mobiles ; les officiers coupables furent cassés et remis simples mobiles. Le capitaine Thiers, nommé commandant de Bellevue, eut sous ses ordres quatre compagnies du 16e (Rhône), qui se conduisirent à merveille, travaillant nuit et jour sous le feu, sans abris et à peu près sans moyen de faire la soupe. « Tout le monde, hommes et officiers, mangeait debout, du pain toujours gelé. »

Pendant ce temps, le capitaine la Laurencie réparait les dégâts causés au Château par les obus allemands, établissait plusieurs pièces de 24 au Château, les blindait, en retournait d'autres, et, tirant par dessus des masses

---

[1] *La Défense de Belfort*, p. 158.

couvrantes [1], étonnait l'ennemi qui ne pouvait parvenir à découvrir où étaient placées les pièces, et qui se vit forcé de cesser le feu de ses batteries d'Essert. Dans tous les autres forts, comme au Château, il fallait travailler constamment à réparer les ravages occasionnés par les batteries allemandes.

Le général von Treskow voulait terrifier Belfort par un bombardement à outrance ; il s'imaginait amener une prompte capitulation de la place, comme cela avait eu lieu dans d'autres villes. Il choisissait chaque jour un point, et y jetait des milliers de projectiles. Son tir ordinaire était d'environ 3000 obus par jour ; il nous était interdit de lui en renvoyer plus de 1500, et encore ce nombre allat-il sans cesse en diminuant, tant était grande la nécessité de ménager notre approvisionnement d'obus oblongs. Ce feu terrible rendait la circulation dans la ville et ses dépendances, ou impossible ou bien dangereuse ; les maisons commençaient à être criblées, en parties démolies ; les morts et les blessés devenaient de jour en jour plus nombreux.

Le 6, les Prussiens, sortant du bois de Bavilliers, attaquèrent nos postes d'Andelmans et de Froideval, avec l'intention, s'ils réussissaient à enlever ces villages, de se jeter sur Danjoutin, dont l'occupation leur était nécessaire pour la suite de leurs opérations. Ils furent vigoureusement repoussés. Le 8, ils revinrent encore à Andelmans et furent encore repoussés. Cette défense extérieure, pied à pied, cette lutte incessante gênait beaucoup les Al-

---

[1] Caserne du château, tour des Bourgeois, etc.

lemands, qui s'en étonnaient [1] : c'était la première fois, en effet, qu'ils rencontraient ce qu'on aurait dû faire partout.

C'est aussi, quand on connaît le peu de solidité de la plus grande partie des troupes que le colonel Denfert avait sous ses ordres, que l'on est frappé d'admiration pour les résultats que sa volonté de fer parvenait à obtenir. A chaque combat les mobiles se laissaient surprendre ; si une avalanche d'obus éclatait sur le camp retranché, chefs et soldats, mis en émoi, déclaraient que la situation était intenable. Les corvées envoyées à Bellevue pour achever les abris du fort, n'y arrivaient que très réduites, une partie des hommes s'étant défilés pendant la route afin d'éviter le danger qu'il y avait à travailler dans ce fort.

Le bombardement continuait, mais le général von Mertens, chef du Génie du corps de siège, était d'avis que le bombardement n'amènerait pas la capitulation de la place. Il disait avec raison qu'il fallait prendre Danjoutin et attaquer les Perches, pour, de là, s'avancer contre le Château. Le général von Treskow persistait à croire que le bombardement forcerait la place à se rendre. En conséquence, il ordonna d'augmenter le nombre des batteries et de bombarder la place avec plus d'énergie. On voit dans le récit de ces conférences tenues par les généraux allemands, qu'ils sont étonnés de notre résistance et de la précision du feu de nos pièces.

Le 9, les Allemands essayèrent de surprendre Bellevue; ils ne réussirent qu'à faire massacrer leur avant-garde sur

---

[1] WOLFF, I, 223.

la contrescarpe du fort, et à se convaincre que toute attaque de vive force sur nos ouvrages leur coûterait cher. Dans la nuit du 10 au 11, l'ennemi, décidé à prendre Bellevue, ouvrit, à 400 mètres, la deuxième parallèle contre le fort qu'il n'avait pu enlever par surprise, et dont il allait essayer de s'emparer par une attaque régulière. En l'entendant exécuter son travail, le capitaine Thiers donna l'ordre à une compagnie d'éclaireurs de se jeter sur les Allemands ; elle refusa d'obéir, et les Allemands purent établir leur parallèle. Le capitaine de cette compagnie méritait d'être fusillé ; grâce à la débonnaireté du conseil de guerre, il fut simplement destitué.

Le capitaine Thiers fit aussitôt commencer des travaux de contre-approche, afin de neutraliser les travaux de l'ennemi. On creusait les tranchées dans le sol gelé qui faisait feu sous la pioche. En même temps les éclaireurs de M. de Prinsac attaquaient les Allemands dans leurs lignes, et le fort ne cessait d'y envoyer des obus.

Le 13, nous chassions les Prussiens du bois de Bavilliers. On vit avec plaisir, dans cette affaire, les mobiles lyonnais se servir de leurs baïonnettes pour refouler l'ennemi. Mais le soir il revint à la charge, et après quatre assauts successifs il resta maître du village d'Andelmans. Ce succès encouragea les Allemands à attaquer Danjoutin, mais ils furent repoussés.

Le 14, ils parvinrent à s'emparer de Froideval, qui fut mal défendu, et reprirent le bois de Bavilliers.

Le 15, l'ennemi redoubla ses feux sur Bellevue et sur le Château. Catherine fut atteinte par un obus, mais dès le lendemain, elle était remise en état de tirer, grâce

La Miotte.

aux efforts de nos artilleurs « qui aimaient cette pièce ».

Les souffrances de la population avaient engagé le Préfet, M. Grosjean, à écrire au colonel Denfert pour le prier de demander un armistice au général von Treskow et l'autorisation de laisser sortir de Belfort les femmes, les enfants et les vieillards. Le colonel avait refusé, avec raison, de faire une pareille démarche ; mais, le 17, un parlementaire allemand vint lui remettre une lettre du président de la Confédération suisse. Un comité s'était formé à Porrentruy pour obtenir la sortie de Belfort des femmes, enfants et vieillards, les transporter à Porrentruy et les y entretenir. La Suisse voulait rendre à Belfort le service qu'elle avait rendu à Strasbourg et soustraire aux horreurs d'un siège une population inoffensive. Le colonel écrivit au Préfet la lettre suivante pour l'informer de l'affaire :

J'ai l'honneur de vous adresser copie d'une lettre que je viens de recevoir de M. le président de la Confédération suisse, au nom du Conseil fédéral. Dans cette lettre, M. le président de la Confédération, mû par les sentiments d'humanité dont la Suisse a déjà donné le noble exemple au commencement de cette guerre, demande l'autorisation de soustraire aux horreurs du siège les femmes, enfants et vieillards de la ville de Belfort. Je suis disposé à accueillir cette demande dans les limites compatibles avec les intérêts de la défense. Je ne puis autoriser que la sortie des femmes, enfants et vieillards de la moralité desquels je suis assuré, pour qu'il ne soit commis envers l'ennemi aucune indiscrétion préjudiciable à ceux qui restent et qui ont charge de pourvoir à la défense. Je viens donc vous prier, M. le Préfet, de vouloir bien m'accorder votre concours pour les laissez-passer à donner aux femmes, enfants et vieillards qui peuvent sortir sans inconvénients. Comme vous êtes mieux placé que moi, M. le Préfet, pour apprécier la partie de la population civile digne de confiance, je suis tout disposé à m'en rapporter à vous pour les permissions à accorder; mais je vous prie instamment de tenir compte, dans vos désignations, des nécessités de la défense qui doivent primer toute autre considération.

Le colonel répondit aussi à la délégation du Conseil fédéral :

Monsieur le Président,

Je vous prie d'exprimer toute ma reconnaissance, tant au Conseil fédéral qu'au comité spécial de Porrentruy, pour les sentiments d'humanité dont la Suisse vient de donner un nouveau témoignage par votre lettre du 13 courant. Je suis extrêmement sensible, M. le Président, aux considérations que V. Ex. fait valoir en faveur des femmes, enfants et vieillards restés à Belfort. Mais mon devoir m'impose de ne satisfaire aux vœux que vous m'exprimez que dans les limites que comportent les intérêts de la défense de la place.

Les conditions qui paraissent indispensables sont les suivantes :

L'armistice forcé qu'exige le départ des femmes, enfants et vieillards ne pourra avoir lieu qu'entre dix heures du matin et trois heures de l'après-midi. Cet armistice comprendra non-seulement la cessation absolue du tir de part et d'autre, mais encore l'interdiction, pour l'armée assiégeante, d'exécuter aucun travail de tranchée pendant sa durée.

MM. les délégués du Conseil fédéral n'accepteront que les femmes, enfants et vieillards munis d'un laissez-passer. La réception des délégués et la sortie des femmes, enfants et vieillards auront lieu par la porte du Vallon.

Si ces conditions sont acceptées, tant par vous, M. le Président, que par le commandant en chef des troupes prussiennes, je suis prêt à m'entendre sur la fixation du jour de l'armistice.

Le général von Treskow lut cette lettre et n'y répondit pas.

Douze cent cinquante et une personnes demandaient à partir.

Le 6 janvier, le Préfet et le Maire revinrent à la charge auprès du gouverneur ; ils avaient reçu des lettres de Suisse qui assuraient que la négociation aboutirait, si le colonel Denfert consentait à faire une démarche auprès du général von Treskow. Denfert refusa avec raison. Voici la lettre qu'il écrivit à ce sujet :

J'ai l'honneur de vous accuser réception de votre lettre, par laquelle vous me demandez de faire une démarche auprès du général ennemi, pour obtenir la sortie de Belfort des femmes, enfants et vieillards. Voici les principes qui me servent de guide en cette matière :

Les faits de cette guerre et la manière dont les Allemands la poursuivent, sous la conduite de leur roi, démontrent avec la plus grande évidence qu'ils sont décidés à procéder à toutes les violences, de quelque nature qu'elles soient, contre les populations françaises. La guerre qu'ils nous font est une guerre de race, sans aucun ménagement.

En présence d'une telle situation, quelle doit être notre conduite ? Etre implacables vis-à-vis de l'ennemi, tant qu'il est debout et en armes sur notre territoire; ne lui demander aucune grâce quelconque, et n'en accepter aucune de lui.

C'est à ces conditions que la défense peut se faire de la manière la plus profitable, et c'est ainsi qu'elle nous conduira le plus rapidement, et avec le moins de sang versé, à l'expulsion de l'envahisseur. Il est donc impossible, M. le Préfet, de faire aucune démarche près du général de Treskow.

Lorsque M. le président de la Confédération suisse, mû par des sentiments d'humanité, est venu s'offrir comme intermédiaire, il a positivement déclaré dans sa dépêche qu'il n'entendait ni renforcer, ni affaiblir les moyens de défense de la place.

En acceptant en principe sa proposition, je lui ai indiqué les conditions auxquelles on pouvait y satisfaire sans nuire à la défense et sans changer les situations militaires de l'assiégeant et de l'assiégé. M. le général de Treskow n'ignore pas que mes conditions sont élémentaires, et s'il ne veut pas accéder à la demande de M. le président de la Confédération suisse, sans une démarche de ma part vis-à-vis de lui, c'est qu'il entend me faire commettre un acte de faiblesse contraire à mon devoir, et affaiblir par conséquent la résistance de la place.

Les choses doivent donc en rester au point où elles se trouvent, à moins que M. le général de Treskow n'accepte les propositions que j'ai faites au président de la Confédération helvétique, et dont je lui ai donné connaissance.

Pendant ce temps l'ennemi continuait son attaque sur Bellevue. On lui résistait par de fréquents combats, que les capitaines Poret et de Prinsac, avec leurs éclaireurs, dirigeaient avec autant de vigueur que d'habileté. Tout en luttant à Bellevue, le colonel Denfert, averti par divers mouvements des Allemands, vit bien que leur effort allait bientôt se porter contre Danjoutin. Le 22 décembre, le général von Mertens avait enfin fait prévaloir son avis. Von Treskow consentait à attaquer la place par le sud, à assiéger les Perches, mais il voulait continuer en même temps le bombardement par l'ouest. Le général von Mertens déclarait que les deux attaques simultanées étaient impossibles, étant donné l'effectif du corps de siège et le

nombre des pièces ; il répéta que le seul moyen de réduire
Belfort était l'attaque du Château par les Perches. Von
Treskow exigea que les batteries d'Essert continuassent
l'attaque d'artillerie par l'ouest[1].

On était arrivé à la fin de décembre, et les résultats de
la défense avancée que faisait Denfert se montraient à tous.
Après 59 jours d'investissement et 29 d'un bombardement
sans trève, l'ennemi était toujours tenu à distance de la
place et réduit à envoyer des obus sur ses forts pour tâcher,
par la peur, d'obtenir une capitulation. Et cependant Denfert n'avait pas d'artillerie de campagne pour attaquer
les Allemands dans leurs lignes ; il n'avait qu'un bataillon
d'infanterie solide, celui du commandant Chapelot, et deux
régiments passables, ceux du Rhône ; il était obligé de
ménager le tir, car déjà plus de la moitié de ses obus
oblongs était épuisée, tandis que le nombre des batteries
prussiennes s'accroissait sans cesse.

Nos mobiles manquaient d'énergie. Leurs lettres, que les
ballons devaient emporter, contenaient de graves indis-
crétions et des sentiments de découragement ; il fallut les
supprimer, et ils ne purent expédier que des lettres ouvertes, qu'on lisait, et qui ne pouvaient rien apprendre à l'ennemi, si par hasard elles tombaient en son pouvoir[2]. Il
fallait défendre aux sentinelles de fraterniser avec celles

---

[1] WOLFF, I, 232 ; 22 et 25 décembre.
[2] Beaucoup de lettres parties en secret et portées par des contre-
bandiers, furent interceptées par les Allemands. Elles contenaient
toutes des détails sur les souffrances de la population et les misères
qu'on endurait. Mais, dans toutes, on écrivait que le colonel ne se
rendrait pas (WOLFF, I, 231).

de l'ennemi, et, aux postes avancés, de conclure avec lui des trèves tacites.

Malgré ces symptômes de faiblesse, on se battait partout et sans relâche, à Bellevue principalement, où le capitaine Thiers déployait une énergie et une bravoure indomptables. Le 31 décembre, cette lutte d'artillerie fut d'une intensité prodigieuse ; le fort recevait ce jour là plus de 2000 projectiles.

« Vers le milieu de la journée, le lieutenant d'artillerie Schuller, officier jeune et actif, fut tué auprès d'une pièce. Plusieurs canonniers avaient péri, et l'une des pièces de 12 rayées, ayant reçu depuis le matin plus de soixante coups d'embrasure, venait d'être frappée à la volée [1] par un obus.

» Malgré les efforts du maréchal des logis Fouilloud, qui avait repris le commandement de M. Schuller, les canonniers se désespéraient, et le feu menaçait de s'éteindre. Pour relever le moral de ces soldats, le capitaine Thiers et le lieutenant du Génie Journet se portèrent aux pièces, et aidèrent de leurs mains à les servir. La volée de la pièce ébavée par le coup fut burinée jusqu'à ce que le projectile pût rentrer, et enfin cette pièce recommença à tirer au travers de son embrasure, radicalement rasée et à découvert jusqu'au sol de la banquette. Les canonniers entraînés y mettaient une incroyable ardeur, et les Prussiens, abandonnant la partie, restèrent muets tout le reste du jour.

» Ce même jour, une colonne d'infanterie ennemie, se

---

[1] La partie d'un canon qui est en avant des tourillons.

dirigeant sur Bavilliers, fut dispersée à coups de fusil[1]. »

Le 22 décembre, l'argent qui existait dans les caisses du gouvernement étant épuisé, et le Trésor n'ayant que des billets de banque qu'il ne pouvait pas changer, M. Grosjean créa un papier-monnaie ayant cours forcé, et qui fut désigné sous le nom de *bons de siège*. Ces bons, de petites coupures, permirent de payer la solde de la garnison. Les marchands, au début, mirent assez de mauvaise volonté à accepter les bons ; mais le papier-monnaie gagna bientôt la confiance de tout le monde, et, à la paix, il fut intégralement remboursé. Quand les bons de siège furent épuisés, on essaya d'un emprunt, et il est triste d'avoir à dire qu'on renonça à cette mesure, parce que les prêteurs exigèrent des conditions qui aboutissaient à un intérêt de 26 0/0. Le Trésor vendit alors du tabac, dont il existait de grandes quantités, et put payer la solde. Quelques officiers consentirent à ne toucher ce qui leur était dû que plus tard. En janvier, aucun officier ne fut payé ; on se contenta de leur distribuer des vivres. Vers la fin du siège, on vendit des vivres, et on se procura ainsi l'argent nécessaire pour donner à tous ce qui leur était dû.

Le froid redoubla à la fin de décembre. Le 25, le thermomètre marquait — 16°; le 2 janvier, — 17° 3 dixièmes; pendant certaines nuits, — 18 ° et 19°. Et cependant nos hommes n'avaient que des chaussures usées et pas de guêtres; beaucoup avaient les pieds gelés. Les souliers qui étaient en magasin étaient tous d'une pointure trop petite pour la plupart des hommes. On distribua des

---

[1] *La défense de Belfort,* p. 247.

sabots, on fit des guêtres avec la toile des sacs à farine
vides.

Des courriers entraient de temps en temps à Belfort,
malgré la surveillance des Prussiens. Le 4 janvier, ils
apportèrent des nouvelles fantastiques, évidemment fausses, et qui n'étaient qu'une manœuvre de l'ennemi : le
prince Frédéric-Charles était tué ; Versailles était repris ;
le roi de Prusse était en fuite, etc. Denfert, pour détrom-
per la population et la garnison, et déjouer la manœuvre
de l'ennemi, fit l'ordre du jour suivant :

Des nouvelles fausses de succès extraordinaires remportés
par les armées françaises près de Paris ont été répandues aujourd'hui en ville par deux messagers des environs venus de
deux côtés différents. Un troisième porteur de dépêches, dans
lequel le commandant supérieur croit pouvoir avoir confiance,
est venu donner de vive voix les mêmes nouvelles comme
circulant dans une autre partie du pays. Cependant ces nouvelles sont certainement fausses, non-seulement dans la forme,
mais même dans le fond, et aucun fait ne les a motivées.

Le commandant supérieur croit devoir mettre en garde les
troupes de la garnison contre ces bruits sans fondement et
destinés à produire la démoralisation parmi nous, en y faisant naître des espérances qui pourraient être démenties le
lendemain. Il est à sa connaissance positive que l'ennemi ne
laisse pénétrer dans le pays envahi, d'où ces bruits nous
parviennent, aucun journal, ni français, ni suisse, ni même
allemand. Tous les bruits qui circulent doivent donc être
regardés comme émanant du quartier général ennemi et être
tenus pour suspects jusqu'à plus ample informé.

Le commandant supérieur croit pouvoir répondre de la
certitude des moyens à sa disposition pour reconnaître le
degré de fondement des nouvelles apportées par les messagers.
Il fera connaître aux troupes celles de ces nouvelles de l'au-

thenticité desquelles il sera sûr, et il prie les officiers et les
troupes sous ses ordres de ne point en accueillir en quelque
sens que ce soit, tant qu'elles ne leur seront pas parvenues
par la voie de l'ordre. Ainsi sera déjouée cette manœuvre de
l'ennemi.

Le courrier avait aussi apporté un numéro du *Journal
de Genève,* dans lequel il était question d'une armée de
l'Est qui allait marcher au secours de Belfort. On ne crut
pas d'abord à cette nouvelle.

En même temps tout indiquait que l'ennemi renonçait à
assiéger Belfort par Bellevue et qu'il allait, après tant
d'efforts inutiles, attaquer la place par le sud. Son nouveau projet ne pouvait s'exécuter qu'à la condition de
s'emparer d'abord de Danjoutin. Il lui fallait, en effet,
prendre ce village, pour pouvoir construire la première
parallèle contre les Perches et être maître d'une communication directe entre les batteries des deux rives de la Savoureuse par le pont du village.

On lit dans l'ouvrage du capitaine Wolff[1] : « Après un
mois de travail et de fatigues inouïes (novembre) on avait
pu commencer la lutte d'artillerie ; mais l'espoir d'une
prompte capitulation à la suite du bombardement avait
disparu peu à peu, et l'on se voyait forcé de procéder à
un siège régulier.... Le résultat que l'on avait atteint jusqu'à ce moment était bien insignifiant, si l'on veut tenir
compte des fatigues et des privations que les troupes du
corps de siège avaient endurées depuis deux mois. »

Dans la nuit du 7 au 8 janvier, après une journée de

---

[1] Tome II, page 19.

7

violent bombardement, 1200 Allemands se jetèrent sur
Danjoutin et s'en emparèrent sans coup férir. En un moment la position fut entourée. Les fils télégraphiques qui
la reliaient au Château avaient été rompus dans la journée
par les obus, et Denfert ne sut que trop tard ce qui se
passait pour y porter remède. Deux compagnies de Saône-
et-Loire chargées de garder la communication entre Danjoutin et la place, aux tranchées du chemin de fer, s'étaient
laissé surprendre, avaient honteusement lâché pied et s'é-
taient enfuies au Fourneau. L'ennemi ayant coupé la
communication de Danjoutin avec la place, entra dans le
village, s'en empara malgré une défense énergique, maison
par maison, y tua ou blessa plus de 150 hommes et y fit
729 prisonniers, que l'on vit partir, le lendemain, pour la
captivité entre deux rangs de soldats allemands. Les troupes, trop peu nombreuses, que l'on envoya au secours de
Danjoutin, ne purent chasser l'ennemi des tranchées du
chemin de fer, et durent se retirer sans pouvoir secourir les
braves défenseurs du village. C'est dans ce combat que fut
tué le capitaine Degombert.

CHAPITRE IV

SUITE DU BOMBARDEMENT

ATTAQUE DE LA PLACE PAR L'ARTILLERIE DU CÔTÉ DU SUD

(8 – 20 janvier 1871)

Le 8 janvier, on apprenait d'une manière certaine la nouvelle de la victoire de Bapaume, et celle bien plus importante de l'arrivée prochaine d'une armée de secours. Ces nouvelles effacèrent l'impression produite par la perte de Danjoutin.

Le 9, on entendit le canon de l'armée de l'Est : Bourbaki battait les Allemands à Villersexel[1]. On écoutait le bruit de la bataille, et l'oreille sur le sol gelé, en entendait distinctement la canonnade, dans les rares moments où le bombardement permettait d'entendre[2]. Mais Bourbaki, par ses lenteurs et ses fausses manœuvres, avait laissé Werder se retirer librement et arriver bien avant lui sur

---

[1] Villersexel est à 30 kilomètres à l'ouest de Belfort.
[2] La nouvelle certaine de la victoire de Villersexel arriva à Belfort le 13.

la Lisaine[1] ; il lui avait laissé le temps de s'y retrancher tout à son aise. Werder, général énergique et habile, put mettre en batterie sur la rive gauche de la Lisaine des pièces de position amenées de Belfort ; il put faire des tranchées-abris, couvrir de fumier, de terre et de cendres, tous les chemins que le verglas rendait impraticables, et assurer ainsi à ses troupes une circulation facile pendant la bataille. Von Treskow le secondait de tout son pouvoir ; il lui avait envoyé des renforts : 15 bataillons et 26 canons de campagne, ne gardant que 15 bataillons pour contenir la place. Il faisait un feu terrible sur Belfort, et prenait ses dispositions pour refouler les sorties que Denfert devait tenter.

M. de Moltke avait donné l'ordre (7 janvier) à Werder et à Treskow de ne pas lever le siège, quoiqu'il pût arriver. Il fut obéi à la lettre. En même temps, il créait l'armée du Sud, la plaçait sous les ordres du général von Manteuffel et l'envoyait en toute hâte au secours de Werder et de Treskow. C'est cette armée que Garibaldi laissa passer en toute liberté.

Le 15 janvier, dès cinq heures du matin, on entendit une violente canonnade à l'Ouest de la ville. C'était l'armée de Bourbaki qui engageait la bataille d'Héricourt ou de la Lisaine[2] contre le général von Werder, chargé de couvrir le siège de Belfort. Pendant plus de douze heures on entendit le bruit du canon, le cri strident des mitrailleuses et la fusillade. Par moment on voyait la fumée. On

---

[1] Petite rivière qui passe à Héricourt, à l'ouest de Belfort.
[2] Héricourt est à 8 kilomètres à l'ouest de Belfort.

suivait les péripéties de l'action par le bruit qui s'éloignait ou se rapprochait. Les habitants étaient sortis des caves, bravant obus et shrapnells[1] qui tombaient par milliers. Le soir venu, on n'entendit plus rien. Qu'était-il arrivé ? L'anxiété fut grande toute la nuit. Mais le lendemain 16, la canonnade se fit entendre de nouveau : Bourbaki n'avait donc pas été battu la veille. Cette journée du 16 fut la journée décisive. Cremer s'empara de Frahier et de Chenebier : Werder se trouva alors très menacé sur sa droite, et le sort de la bataille devint très incertain. Si Cremer avançait encore, l'armée française était victorieuse. Werder plaça à Rougeot, en arrière de Châlonvillars, une batterie de canons pour défendre cette route qui amenait Cremer à Essert, où il pouvait donner la main à Denfert. Cette batterie se composait de canons français pris à Strasbourg, et qui allaient servir à nous battre !

Le 17, après un combat acharné, les Allemands reprenaient Frahier et Chenebier, arrêtaient notre marche en avant et s'assuraient de la victoire. La neige tombait en flocons épais ; le vent était contraire et empêchait d'entendre la canonnade à Belfort, mais on voyait distinctement la fumée. A cinq heures, on fut certain que les Français reculaient. Toutes les espérances étaient déçues. Le 18, on n'entendit rien : Bourbaki était en retraite et Belfort abandonné. Le 19, on apprit la défaite de Chanzy au Mans et le bombardement de Paris. Rarement place assiégée fut plus cruellement éprouvée, et cependant les courages ou la résignation ne fléchirent pas. Peu se

---

[1] Projectiles qui en éclatant lancent plus de 200 balles.

plaignaient, et si quelques malveillants répandaient le bruit que Belfort allait manquer de projectiles rayés, ils trouvaient non pas de la joie, mais de la tristesse chez ceux qui les écoutaient.

Denfert n'était pas resté inactif pendant la bataille. Le 15, il fit faire trois reconnaissances sur Chèvremont, Arsot et Essert. Il pensait avec raison que le corps de siège avait dû fournir des renforts à Werder; il voulait savoir si les lignes prussiennes étaient assez dégarnies pour lui permettre de tenter une sortie à fond, afin de donner la main à Bourbaki. Ces reconnaissances devaient être appuyées par le feu des forts et par de nombreuses troupes de soutien. L'ensemble de l'opération devait encore avoir pour résultat d'inquiéter l'ennemi sur ses derrières. Les reconnaissances apprirent au colonel Denfert que l'ennemi n'avait pas dégarni ses lignes d'investissement. Il jugea donc que le moment n'était pas encore venu de faire en faveur de Bourbaki une diversion sérieuse; mais, pour avertir l'armée de secours qu'il l'attendait, il fit tirer cinq coups à toutes les pièces de la place, et pour ne pas dépenser de projectiles inutilement, il fit tirer à blanc. Le bruit de cette canonnade s'entendit jusqu'en Suisse : Bourbaki entendit aussi ce suprême appel.

Le 16, Denfert ordonna une grande reconnaissance sur Essert, où la gauche de Bourbaki, si elle était victorieuse devait rejeter l'ennemi. Le commandant Chapelot dut se tenir prêt à attaquer les Allemands à Bessoncourt et Chèvremont, dans le cas où les Prussiens vaincus exécuteraient leur retraite par Sévenans.

Conduite par le commandant Chabaud, du 4ᵉ bataillon

de la Haute-Saône, la reconnaissance dirigée sur Essert arriva jusqu'à 80 mètres des pièces de l'ennemi, fusilla les canonniers et la garde de tranchée, et mit un tel désordre dans les batteries, qu'elles restèrent plus de trois heures sans pouvoir faire feu. Après une heure de combat, le commandant Chabaud, ne voyant venir aucun détachement de l'armée de Bourbaki, se retira pour ne pas être tourné et coupé par les Allemands qui accouraient du Mont au secours des batteries d'Essert.

De nouvelles reconnaissances faites pendant la nuit du 16 au 17 prouvèrent encore que l'ennemi n'avait nulle part dégarni ses lignes.

On a regretté que le colonel Denfert n'ait pas fait une sortie à fond, avec toutes ses forces, pour tenter de percer, à Essert, les lignes allemandes, tomber sur les derrières de Werder, et assurer le succès de Cremer et de Billot, qui l'attaquaient avec tant de vigueur à Chenebier et Frahier. C'est une question à examiner, et je la laisse résoudre par un officier supérieur de l'armée de l'Est, qui a fait les efforts les plus énergiques pour délivrer la place assiégée. Je lui ai demandé son avis, et voici sa réponse.

« Vous me demandez si le colonel Denfert n'a pas eu tort de ne pas faire une sortie pour aider l'armée de l'Est pendant la bataille d'Héricourt.

» Je vous ferai d'abord observer qu'il appartenait au général Bourbaki de donner des instructions au colonel Denfert, de lui prescrire le point et le moment où il devait combattre pour aider efficacement au mouvement de l'armée de l'Est ; et c'était chose facile pour le général Bourbaki d'entrer en communication avec Belfort, car il y entrait souvent des messagers malgré la surveillance des Allemands. N'ayant pas reçu d'instructions, ignorant complètement le plan du général Bourbaki, Denfert, dans les conditions où s'est livrée la bataille d'Héricourt, devait-il prendre l'initiative d'une sortie ?

» Je n'hésite pas à répondre que cette sortie eût été inopportune, inefficace, et peut-être dangereuse pour le sort de la ville. Mettons-nous à la place de Denfert. Il avait à peine 4000 hommes sur lesquels il pût compter sérieusement ; il ne disposait que d'une demi-batterie de campagne. Pour faire la sortie à fond, il fallait que Denfert engageât toutes ses forces. N'était-il pas à craindre, qu'une fois éloigné de la place et occupé à combattre l'ennemi qu'il aurait eu devant lui, Denfert ne se vit fermer la route de Belfort par une concentration rapidement exécutée sur sa ligne de retraite ? N'était il pas à craindre aussi, que si nos troupes eussent été battues, les Allemands ne cherchassent à profiter de leur succès pour entrer pêle-mêle dans la place avec la garnison, et amener ainsi par un coup de main la reddition de Belfort ?

» Pour que la sortie de Denfert ait pu nous être utile, il eût fallu qu'il arrivât à Frahier ou à Chenebier, à 8 ou 10 kilomètres de Belfort. Nous étions bien loin pour que Denfert cherchât à nous donner la main. Ah ! si nous fussions entrés à Châlonvillars [1], et que Denfert n'ait pas bougé, il eût alors commis une faute grave, parce qu'alors son action devenait efficace, et s'exerçait dans un périmètre assez rapproché de la place pour que sa retraite fût

---

[1] Situé à 4 kilomètres de Belfort, et à 4 kilomètres de Frahier.

toujours assurée. Or, Denfert pouvait-il deviner, le 16 et le 17, que nous ne pousserions pas plus loin nos attaques, que nous battrions en retraite le 18? Evidemment non. En capitaine consommé, il attendit le moment favorable; et ce moment n'est malheureusement pas venu, et Denfert s'est vu contraint à l'immobilité.

» Examinons ce qui serait arrivé si nous avions continué notre marche le 18, et que Denfert eût été battu le 17 et rejeté dans Belfort. Les mêmes personnes qui le blâment aujourd'hui de ne pas avoir fait une sortie le 16 ou le 17 lui reprocheraient, et cette fois avec raison, de n'avoir pas attendu le moment opportun de donner le coup de grâce aux Allemands, d'avoir été trop impatient, d'avoir voulu se distinguer en agissant isolément, au lieu de combiner son attaque avec les mouvements de l'armée de l'Est.

» Je suis persuadé que tout juge impartial donnera raison à Denfert d'avoir attendu que nous fussions plus rapprochés de Belfort pour opérer une sortie, et que l'eût-il faite, elle eût été sans effet sur nos opérations, et peut-être désastreuse pour la place que son premier devoir était de ne pas dégarnir. Cela est si vrai, que ni le général Billot, ni le général Cremer, ni aucun des officiers de l'aile gauche, c'est-à-dire ceux qui avaient le plus intérêt à une sortie de Denfert, n'ont jamais songé, pendant la bataille d'Héricourt, à lui faire un grief de son inaction; personne ne s'en est étonné; tous comprenaient que nous étions encore trop loin, et nous ne comptions pas sur son concours avant notre arrivée près d'Essert. »

Après la victoire d'Héricourt, les Prussiens n'attaquèrent plus Belfort que par le Sud : les Perches et le Château furent dès lors les deux points spécialement bombardés. Nos obus rayés s'épuisant, notre tir se ralentissant, on établit des batteries de gros mortiers et de canons de 16 lisses, qui atteignaient l'ennemi à 2800 et quelquefois à 3000 mètres. La nuit, on réparait les affûts, les embrasures, les casemates, les blindages, en un mot tous les dégâts causés par le bombardement, et surtout par les obus krupp, qui commençaient à tomber sur la place. Ces projectiles hauts de 55 centimètres, pesaient 78 kilos. Nos troupiers les appelaient, en plaisantant, les *enfants de troupe*. Ces obus traversaient les voûtes les plus solides et les blindages les plus résistants. L'un d'eux perça comme à l'emporte-pièce un blindage composé d'un plancher de pièces de sapin de 50 à 60 centimètres d'équarissage, d'une couche de rails de 12 centimètres d'épaisseur, d'un mètre de fumier, de 2 mètres de terre, enfin d'une autre couche de rails.

Le Château était devenu l'objectif principal des batteries allemandes ; il était, en effet, le centre de la défense, et son feu, que cinquante jours de bombardement n'avait pu éteindre, soutenait toutes les parties de la place. Le capitaine De la Laurencie, grièvement blessé le 15 janvier, resta dans sa batterie, et bien secondé par son lieutenant M. Thirion, il continua à diriger le feu des batteries hautes du Château.

Un obus krupp fit sauter, le 20, une des poudrières du Château : 19 artilleurs furent tués ou écrasés sous les décombres. Le lieutenant Simothel, qui se précipitait pour aller secourir les blessés, eut la cuisse emportée par les éclats d'un second obus, et mourut quelques jours après.

CHAPITRE V

SUITE ET FIN DU BOMBARDEMENT

SIÈGE DE LA PLACE PAR LE GÉNIE

(20 janvier — 15 février 1871,

Après la retraite de Bourbaki, les Allemands se décidèrent à assiéger régulièrement Belfort. Il était évident, en effet, que le bombardement, même le plus violent, ne viendrait pas à bout de faire capituler le colonel Denfert. Il fallait donc entreprendre le siège de la place et se résigner à la lenteur des travaux d'un siège régulier.

Le général von Treskow se décida à s'emparer de Pérouse. Ce village et celui de Danjoutin flanquaient les Perches. Déjà les Allemands étaient maîtres de Danjoutin ; Pérouse pris, les Perches perdaient une partie de leurs forces ; enfin, les Perches enlevées, ils pouvaient attaquer le Château. Mais, il leur fallait, pour mener l'entreprise jusqu'au bout, encore trois mois, et les raisons politiques exigeaient que Belfort fût pris avant ce temps.

Dans la nuit du 20 au 21 janvier, les Allemands, au nombre de 3000, se jetèrent sur Pérouse, que défendait le commandant Chapelot. Encore une fois, ils surprirent nos mobiles qui gardaient les bois en avant du village. On a remarqué qu'ils poussèrent dans toutes ces attaques des cris « inhumains », comme disent toutes les relations. Les bois enlevés, ils abordèrent le village, qui fut énergiquement défendu et repoussa tous leurs assauts. Les Prussiens essayèrent aussi de nous couper la retraite, mais au bout de deux heures d'un combat acharné, soutenu par le capitaine Perrin et le 84e, ils furent contraints de se replier après avoir subi des pertes sensibles. Cependant le commandant Chapelot et le gouverneur jugèrent à propos d'évacuer Pérouse, l'ennemi étant maître des bois et pouvant, de là, nous écraser sous ses feux d'artillerie et de mousqueterie.

C'est à la suite de ce combat que le capitaine Perrin fut mis à l'ordre de l'armée et nommé chef de bataillon.

Les Prussiens s'étaient servis à Pérouse d'un stratagème nouveau, et qui était bien trouvé, étant donné la composition de notre infanterie, formée en grande partie de troupes inexpérimentées ; ils l'employèrent plus d'une fois depuis.

« Ils se disposaient sur deux lignes : la première s'avançait en rampant jusqu'à cent mètres environ du point attaqué, et se couchait pour rester inaperçue ; la deuxième se tenait à trois ou quatre cents mètres en arrière. A un signal convenu, la ligne la plus éloignée poussait des cris, des hourras, des vociférations, pour effrayer les sentinelles ou du moins pour attirer sur elle leur attention. Pendant que, exclusivement occupées de cette ligne encore éloignée, les troupes que l'émotion n'avait pas encore mises en fuite

appelaient aux armes ou faisaient feu, la ligne la plus
rapprochée s'avançait encore à la faveur de la nuit, et,
s'exprimant en français, faisait croire aux troupes qui
sortaient des postes et qui se cherchaient, que leurs compagnies venaient d'arriver à leur aide. « Allons, criaient
les Prussiens, à moi les mobiles, par ici la première compagnie, par ici la sixième ; à moi, formez-vous ! France à
moi, à moi ! » Les gardes mobiles se dirigeaient à la hâte et
en toute confiance vers l'endroit où ils s'entendaient ainsi
appeler, et se trouvaient là en présence des Prussiens qui
les faisaient prisonniers ; surprise qui du reste permettait a
la ligne la plus éloignée, et qui continuait ses cris, de s'a-
vancer à son tour sur le point privé de défenseurs, et de
s'en rendre maîtresse [1]. »

L'occupation de Pérouse donnait aux Allemands le point
d'appui nécessaire à l'aile droite de leur première parallèle
contre les Perches. Elle avait 1750 mètres de long, et était
ouverte à 500 mètres des Basses-Perches et à 750 mètres
des Hautes-Perches. Ils creusaient aussi 1575 mètres de
tranchées de communications, soit un total de 3325 mètres.
exigeant 3500 travailleurs, ayant a piocher le sol gelé à
35 centimètres.

Le 21 janvier, le bombardement redoubla : 7 ou 8000
obus et bombes tombèrent sur la place. Les Allemands
étaient dès lors assez rapprochés de Belfort pour lancer

---

[1] *La défense de Belfort*, p. 322. — Ces sections de troupes prussiennes parlant français sont formées de descendants des réfugiés de
1685, qui se retirèrent en Prusse après la révocation de l'édit de
Nantes. Ils ont conservé l'usage de la langue française, et la parlent
sans aucune trace d'accent germanique.

des bombes, qui faisaient encore plus de ravages que les obus.

Ce bombardement furieux s'explique quand on sait que le général von Treskow avait l'ordre de s'emparer de Belfort avant la paix, afin que l'Allemagne pût le conserver. Mais, en vain augmentait-il sans cesse le nombre de ses batteries ; en vain couvrait-il littéralement la place d'une pluie de fer et de plomb continuelle : Belfort s'obstinait à ne vouloir pas se rendre, précisément pour rester à la France. Les éclats d'obus et les balles des shrapnells faisaient chaque jour d'assez nombreuses victimes ; les journaux apportés par les messagers n'annonçaient que des désastres ; Denfert ne faiblit pas ; il soutint au contraire le moral de la garnison qui commençait à baisser, ce qu'indiquait la fréquence des désertions. MM. Grosjean et Mény restèrent aussi fermes que Denfert ; ils soutinrent aussi le moral de la population. L'idée de faire cesser une si atroce situation par une capitulation ne vint à personne ou n'osa pas se faire jour.

Les Prussiens aussi souffraient cruellement ; les soldats appelaient les lignes de Belfort la fabrique de cadavres (Todtenfabrik) ; Belfort, où commandait Denfert, était la caverne du diable (Teufelsgrub). Les travailleurs étaient soumis à une fusillade continuelle ; les malades étaient fort nombreux, par suite des fatigues imposées aux hommes. Les bataillons n'avaient pas 500 hommes valides ; les compagnies de pionniers étaient réduites à 30 ou 40 hommes[1]. Les officiers, déclarés responsables de l'avancement rapide

---

[1] Le 2 février il arriva deux nouvelles compagnies de pionniers.

des travaux, avaient à peine douze heures de repos sur vingt-quatre.

Pendant que les Allemands creusaient leurs tranchées, nous complétions la défense des Perches par des tranchées qui reliaient la Savoureuse aux Basses-Perches, les Basses et les Hautes-Perches entre elles, et qui couvraient le flanc gauche des Hautes-Perches.

Impatient de devenir maître de Belfort avant la fin de la guerre, aussitôt que la parallèle fut assez avancée pour pouvoir y réunir des troupes, le général von Treskow résolut d'enlever les Perches par un coup de main qui, s'il réussissait, lui faisait gagner quinze jours. Il espérait enlever ces redoutes comme il avait enlevé Danjoutin et Pérouse. Il était en partie renseigné sur ces ouvrages par les ordres du général Doutrelaine, en date du 17 juillet 1870, que l'on avait trouvés dans les archives de la Direction du Génie à Strasbourg [1]. Des officiers prussiens étaient allés faire des reconnaissances, enveloppés dans des couvertures blanches, et, sur ce sol couvert de neige, ils avaient échappé à la vue de nos sentinelles [2].

Le 26 janvier, au soir, cinq bataillons attaquèrent la position. Aux Basses-Perches, où commandait le capitaine Brunetot, les Allemands arrivèrent en rampant jusqu'au fossé ; ils s'y jetèrent, pendant que d'autres se portaient à

---

[1] WOLFF, II, 192. — A la capitulation de Strasbourg, la Direction du Génie ne fit pas son devoir en livrant à l'ennemi les archives de la Direction au lieu de les détruire. Les plans les plus détaillés de Belfort tombèrent ainsi entre les mains des Prussiens, auxquels ils furent très utiles pour régler leur tir.

[2] WOLFF, II, 193.

Attaque des Perches.

la gorge de l'ouvrage. La fusillade empêcha ceux qui étaient dans le fossé de gravir le mur, et les obligea à mettre bas les armes. Les autres, décimés par le feu du Château et par celui de nos fantassins, furent contraints de se retirer. Aux Hautes-Perches, placées sous les ordres du commandant Ménagé, les Allemands ne purent aborder la redoute et furent vigoureusement repoussés ; mais nous perdîmes dans ce combat le capitaine du Génie M. Journet. Quatre sapeurs, en allant enlever le corps de leur capitaine, furent tués ; le sergent Plain, du Génie de la mobile du Haut-Rhin, se lança à son tour et fut assez heureux pour rapporter parmi nous le corps de l'officier qu'il ne voulait pas abandonner à l'ennemi.

Après un violent combat de deux heures, appuyé par le feu de la place et par celui de la batterie de campagne, les Allemands, qui ne s'attendaient pas à cette résistance, furent repoussés ; ils avaient eu 212 hommes tués ou blessés, et nous laissaient 225 prisonniers, dont 29 blessés. Nos pertes étaient de 54 hommes tués ou blessés.

Le général von Treskow était réduit à se contenter des travaux lents et pénibles d'une attaque régulière, et à bombarder la place.

A la fin de janvier, il fit circuler parmi nos soldats de petits billets ainsi conçus :

Messieurs! J'ai l'honneur de vous annoncer que Paris a capitulé le 29 janvier, 2 heures et 49 minutes après-midi. Tous les forts sont occupés par nos soldats. Les troupes de Paris, excepté la garde nationale, sont prisonnières de guerre. La garde nationale a le service de sécurité dans la ville. Les armées du nord et de l'ouest ont l'armistice de trois semaines pour préparer la paix.

On ne crut pas d'abord à ces tristes nouvelles : l'armistice ne s'appliquant pas aux armées de l'Est paraissait surtout un fait invraisemblable.

Quand M. Jules Favre signa l'armistice de Paris, le 28 janvier 1871, M. de Bismarck, paraît-il, exigeait la capitulation immédiate de Belfort. M. Jules Favre, ne sachant pas ce qui se passait, préféra laisser les choses en l'état, et admettre que l'armistice ne fût appliqué ni à Belfort ni à l'armée de l'Est.

On sait quelles furent les conséquences funestes de cette convention pour l'armée du général Bourbaki. On va voir quelles difficultés elle créa au colonel Denfert.

Aussitôt que la nouvelle fut confirmée et que les mobiles surent qu'il existait réellement un armistice dont Belfort était excepté, ils tombèrent dans le découragement et firent avec les Allemands une sorte de paix tacite ; ils s'envoyaient réciproquement des signes d'amitié. Le capitaine Thiers, ayant su ce qui se passait, ordonna à ses hommes de reprendre la lutte et, en sa présence, les força de tirer sur les Allemands qui osaient se montrer.

Les mobiles accusaient Denfert de s'obstiner à ne vouloir pas mettre fin à la guerre et à prolonger leurs misères. Ils murmuraient et se plaignaient d'être obligés de continuer une pareille lutte, quand les autres armées avaient cessé de combattre. La première quinzaine de février fut pour le colonel Denfert et les officiers l'époque la plus difficile du siège ; il fallut faire des prodiges de tact, pour employer à propos la sévérité ou la douceur, afin de persuader à ces jeunes soldats, qui souffraient depuis si longtemps, l'impérieuse nécessité de continuer à combattre et

à souffrir encore, afin de ne pas perdre le fruit de tant
d'efforts, et parce que c'était le devoir envers la Patrie.

Pendant ce temps, les assiégeants étaient durement
éprouvés. Si le feu continuel de nos fantassins retardait la
marche des travaux des Allemands, les pluies abondantes
et la fonte des neiges apportaient aussi de sérieux obstacles. Le 3 février, les tranchées furent entièrement inon-
dées ; les hommes restaient dans l'eau et la boue pendant
douze heures, et le repos au quartier était si court, qu'ils
n'avaient pas le temps de sécher ni leurs vêtements ni
leurs chaussures. Le nombre des malades s'accroissant
toujours, les bataillons tombèrent bientôt à 400 et à 300
hommes, et il devint difficile de réunir chaque jour le nombre de travailleurs commandés. Von Treskow avait l'ordre de prendre Belfort, et il le faisait exécuter à tout prix.

Il adressait à ses colonels une lettre qui se terminait par
ces mots : « Le siège, présentant de rares difficultés,
exige aussi des efforts inusités. Mais celles-ci doivent être
supportées avec courage, pour que cette guerre épouvan-
table, dont la fin se déroulera ici, reçoive une solution
digne des sacrifices qu'elle a exigés. » On ne pouvait dire
plus clairement qu'il fallait prendre Belfort pour pouvoir
le garder à la paix.

« Il fallait, en effet, dit le capitaine Wolff, tout le dévouement des officiers et des hommes pour continuer le
siège, malgré les difficultés suscitées par les intempéries
de la saison et par la nature du sol, et pour pouvoir
supporter avec résignation des fatigues presque surhu-
maines. »

Von Treskow indiquait aussi dans son ordre du jour

du 3 février le but de tant d'efforts : « En même temps
que l'assiégé déploie toute son énergie pour prolonger la
résistance jusqu'à la conclusion de la paix, il est de notre
devoir de redoubler de travail pour tâcher de nous emparer de la place avant cette époque. »

Mais ses travailleurs n'avançaient que bien lentement.
Après les pluies vint le dégel. La fonte des neiges inonda
de nouveau les tranchées et les batteries, au fond desquelles il y avait au moins 40 centimètres de boue et de
vase. Les pompes que l'on employa pour vider les tranchées ne pouvaient pas fonctionner, parce qu'elles étaient
bientôt obstruées par la boue. Les travailleurs furent obligés de retirer l'eau avec des seaux. Les chemins étant absolument impraticables, les chevaux ne pouvaient faire les
transports ; on les fit faire par la troupe. Tous ces travaux
si pénibles s'exécutaient sous un feu continuel de mousqueterie, et sous le feu de nos pièces qui tiraient avec une
remarquable précision, et pour faire taire nos batteries, les
Prussiens étaient sans cesse obligés d'en construire de
nouvelles [1].

Il n'y a pas à ménager l'éloge aux officiers qui ont su
obtenir de pareils efforts de leurs hommes, d'autant que
l'énergie de l'attaque fait la gloire de la défense.

Le 7 février, les Prussiens avaient vidé leurs tranchées
et enlevé la vase qui recouvrait le fond. Le 8, une pluie
torrentielle les remplit de nouveau. Sans se décourager, on
se remit au travail.

La terrible nouvelle de la capitulation de Paris et de la

---

[1] WOLFF, t. II.

fin de la guerre étant devenue certaine, Denfert résolut, le 4 février, d'écrire au général von Treskow.

Dans l'intérêt de l'humanité, lui dit-il, je désirerais connaître les événements qui se sont passés en France dans ces derniers jours. Je viens donc vous prier de vouloir bien autoriser un des officiers de mon état-major à traverser les lignes prussiennes pour se rendre à Bâle. Dans le cas où vous croiriez devoir accéder à ma demande, je vous prierais de vouloir bien envoyer un sauf-conduit au nom de M. Châtel, capitaine d'état-major, pour sortir de la place et pour y rentrer.

En même temps le colonel informa la garnison et la population de la démarche qu'il venait de faire. Le général von Treskow accepta la proposition, et le capitaine Châtel partit pour aller à Bâle trouver le consul de France. Le moral de la garnison et de la population se releva aussitôt, et chacun se retrouva prêt à faire son devoir en attendant le retour du capitaine Châtel.

Le 31 janvier, un « enfant de troupe » était tombé sur la prison où l'on avait renfermé les prisonniers allemands : 4 furent tués. 16 blessés. La salle était hideuse à voir ; c'était un mélange de décombres, de bras, de jambes, de blessés hurlant et nageant dans le sang. Les officiers se plaignirent et firent demander au colonel Denfert de les mettre à l'abri des obus ou de les rendre à la liberté. Le colonel leur fit répondre qu'il ne pouvait les mettre à l'abri des obus allemands, mais que, si le général von Treskow voulait consentir à laisser sortir de Belfort les femmes, les enfants et les vieillards, comme l'avait demandé le président de la Confédération helvétique, il était prêt à les mettre en liberté. Les prisonniers acceptèrent et écrivirent

à leur général une lettre que Denfert lui fit parvenir, *
après l'avoir fait traduire et en avoir modifié la forme, de
façon à n'en donner que le sens général et à rendre impossible toute communication secrète entre les prisonniers et
l'armée de siège. Von Treskow fit à ses officiers la réponse
brutale qui suit :

En réponse à votre lettre qui m'a été communiquée en
copie[1] par le commandant de Belfort, je vous fais connaître
qu'il m'est impossible de donner suite à la demande qu'elle
renferme. Il dépendait de vous de vous rendre prisonniers ou
non. Ayant pris le premier parti, vous devez aussi en supporter les conséquences.

Les habitants de Belfort virent alors combien étaient
peu fondées les accusations lancées contre Denfert, qui
s'était toujours opposé, disait-on, à la sortie des femmes,
enfants et vieillards.

Le bombardement ne cessait pas ; tous les jours, des
milliers d'obus tombaient sur la place, surtout sur les
Perches, qui étaient presque détruites ; les pièces étaient
hors de service. Les Prussiens étaient arrivés au pied de
ces redoutes et fusillaient tout homme qui se montrait ;
d'ailleurs la fin des hostilités était évidemment prochaine ;
et sans les Perches la place pouvait encore tenir plus de
six semaines. On les évacua le 7 février ; l'ennemi y entra
le 8, après avoir mis vingt jours à s'emparer de ces ouvrages.

« L'intérieur du fort, dit le capitaine Wolff[2], présen-

---

[1] La précaution du colonel n'avait pas échappé au général allemand.
[2] Tome II, page 269.

tait un triste aspect de destruction. Au milieu d'un tas de
décombres gisaient des affûts démolis, une forge de campagne détruite et 2 canons mis hors de service. Les talus
intérieurs étaient complètement déformés, le palissadement
de la gorge détruit, et les traverses à moitié enfoncées.
Des chevaux en putréfaction rendaient l'air infect. »

Après 98 jours d'investissement, dont 68 de bombardement, l'ennemi se trouvait juste aussi avancé qu'il l'eût
été au premier jour du siège, sans l'établissement de cette
fortification passagère créée depuis la guerre, et sur une
position dont le colonel Denfert avait réclamé dès 1865
l'occupation par deux forts permanents [1].

Aussitôt après l'occupation des Perches, le Château, la
Justice, la Miotte et Bellevue ouvrirent un feu « épouvan-
table » sur les ruines de ces ouvrages, qui força les Allemands à évacuer les redoutes [2]. Il leur fallut cependant
y revenir, les réunir par une tranchée de 600 mètres, et
de là s avancer contre le Château. Ce fut une terrible besogne à accomplir sous notre feu. Pour l'éteindre ou le
diminuer, les Allemands élevèrent de nouvelles batteries,
amenèrent de gros canons krupp, et canonnèrent le Château de tous côtés: des Perches, de Danjoutin, de Pérouse,
etc. Aussi, partout le Château ne présentait que des murs
et des ponts détruits et renversés, des casemates démolies
et évacuées ; mais grâce à l'énergie de nos artilleurs, nos
pièces étaient toujours sur leurs roues et tiraient sans
relâche, quoique tous les jours de nouvelles batteries alle-

[1] *La défense de Belfort*, p. 374.
[2] WOLFF.

mandes fussent démasquées, et que les Allemands ne fussent plus qu'à 1100 mètres. « L'homme n'avait plus d'abri, mais les pièces étaient intactes. »

Tous les jours aussi notre feu, les fatigues, les maladies, faisaient de continuels ravages dans les rangs de l'ennemi. La « fabrique de cadavres » justifiait chaque jour davantage son nom sinistre.

Le 9 au matin, le bombardement atteignit une intensité effroyable ; le Château, la Justice et la ville furent couverts de projectiles, qui firent de nombreuses victimes, parmi lesquelles le capitaine Choulette, qui avait rendu tant de services à la défense.

On disait en ville que la prolongation de ce cruel bombardement était dû à la raideur du colonel Denfert vis-à-vis du général prussien ; que si son amour-propre excessif consentait à faire une démarche auprès de von Treskow, il obtiendrait un armistice, et épargnerait à la ville et à ses troupes les sacrifices qu'il leur imposait. Les opposants, ceux qui parlaient d'armistice et même de capitulation, étaient généralement des bonapartistes, pour lesquels la résistance de Denfert était une folie : la capitulation de Metz leur paraissait sans doute le comble de la sagesse. Pour couper court à ces bruits, qui trouvaient facilement des partisans, pour se rattacher l'opinion publique et redevenir le maître des esprits, que les malveillants cherchaient à lui enlever, Denfert se décida à demander un armistice, sûr de ne pas l'obtenir ; mais la réponse de von Treskow prouverait à tout le monde qu'il était nécessaire de continuer la lutte. Il écrivit donc au général allemand la lettre suivante :

Général, j'ai appris par les journaux les événements de ces derniers jours, et je sais aujourd'hui d'une manière positive qu'un armistice général existe et que nous sommes seuls à continuer les hostilités. Dans ces conditions, je crois devoir, au nom de l'humanité, vous demander la conclusion d'un armistice jusqu'au retour de M. le capitaine Châtel, qui me rapportera sans doute des instructions du gouvernement français. M. le capitaine du Génie Krafft, porteur de la présente lettre, est autorisé à attendre votre réponse et à régler les conditions de l'armistice éventuel sur la base de la conservation réciproque de nos positions actuelles.

Le général von Treskow répondit :

En réponse à votre lettre d'hier, j'ai l'honneur de vous informer qu'à mon grand regret il m'est impossible de consentir à l'armistice proposé, attendu que j'ai pour mission de m'emparer de la forteresse le plus tôt possible, et qu'en conséquence il m'est interdit de perdre du temps. Je tiens pour superflu de soumettre votre demande à S. M. l'empereur, d'autant plus que l'armistice pour Belfort est formellement exclu de la convention (du 28 janvier 1871). Veuillez, etc.

Denfert fit connaître cette réponse à la place par un ordre du jour qui se terminait ainsi :

Nulle force militaire, quelque considérable qu'elle soit, n'est en mesure de briser avant un certain temps la résistance de la place. Que la population et la garnison soient prévenues également que leur sort dépend de la continuation de notre résistance jusqu'à la conclusion de la paix. Cette conclusion ne peut tarder, notre pays n'étant malheureusement pas en mesure de continuer la lutte, et l'Assemblée nationale se réunissant le 12 de ce mois à Bordeaux. Armons-nous donc de courage et de résignation, et continuons, pendant les quelques jours de souffrance qui nous restent à passer, à montrer l'attitude énergique et résolue qui nous a valu l'honneur insigne de rester debout, lorsque tous les autres avaient été obligés de céder à la puissance de l'ennemi.

Il fut évident pour tout le monde qu'il n'y avait autre chose à faire qu'à continuer la lutte, et on la continua avec vigueur.

Les élections à l'Assemblée nationale se firent alors. Le Haut-Rhin nomma députés le colonel Denfert et le préfet M. Grosjean. Celui-ci étant renfermé dans Belfort, il fallut obtenir du général von Treskow l'autorisation de laisser sortir le préfet, ce qui fut accordé. M. Grosjean devait informer le gouvernement de Bordeaux de la situation de la place et lui demander ses instructions, soit pour continuer la lutte, si c'était nécessaire, soit pour y mettre fin, si elle était inutile.

Le 10, le tir de l'ennemi avait été tel, qu'il fit reparaître, parmi les mobiles, l'esprit de mutinerie que le colonel Denfert avait contenu un moment par l'envoi de M. Châtel à Bâle. Son retour se faisant attendre, le mauvais vouloir renaissait, et les mobiles se plaignaient d'être obligés de se battre. Rendant les officiers responsables de la démoralisation de leurs hommes, Denfert les rappela à leur devoir :

Dans les circonstances où nous nous trouvons, leur dit-il, alors que la lutte nous a été imposée et que sa fin est imminente, j'entends que les officiers sentent plus que jamais ce qu'ils se doivent à eux-mêmes, ce qu'ils doivent au pays, et fassent tous leurs efforts pour maintenir leurs hommes dans le sentier du devoir.

Que les officiers sachent que j'ai l'œil sur eux, sur leur

conduite, et que je serai impitoyable pour les manquements qui
me seront signalés, et pour ceux dont le bataillon ou la compagnie se signalera par un esprit de mutinerie ou de mauvais
vouloir pour leur service, qui, dans ce moment et eu égard
aux circonstances, est plus coupable que jamais. Notre
situation, sans précédents dans l'histoire, nous impose des
devoirs exceptionnels; soyons-en dignes.

Ces nobles et sévères paroles produisirent leur effet.
Les coupables se montrèrent dès lors soumis et dévoués.

La place ne répondait au feu des Prussiens qu'avec des
bombes et des boulets sphériques lancés par de vieilles
pièces lisses, parce qu'il fallait garder nos derniers obus
rayés pour le moment suprême. Nos artilleurs, de la ligne
ou de la mobile, commandés par de bons officiers, étaient
d'admirables soldats : services des batteries, corvées,
transports, travaux de toute espèce, ils exécutaient tout
avec un courage et un zèle qui ne se relâchèrent jamais.
Le maréchal des logis L'Herrou, du 7ᵉ d'artillerie, servait
un mortier de 22 centimètres placé dans la cour du Château : toutes les nuits, il envoyait une centaine de bombes à l'ennemi. « Ce mortier était placé au milieu même
de la cour ; on le mettait en batterie à l'aide de câbles
entrant dans les casemates, et le maréchal des logis
restait seul dehors. Il fut dans une même nuit blessé trois
fois, sans vouloir abandonner son rude service, ni quitter
ce poste si périlleux[1]. »

Le 12 février, M. de Moltke autorisait le général von
Treskow à signer la reddition de la place, même si le

---

[1] *La défense de Belfort,* p. 398.

gouverneur exigeait le départ de la garnison et voulait emporter les archives. Le 17, le général von Treskow envoya à Denfert une sommation de capituler, conçue en ces termes :

Suivant votre désir du 4 de ce mois, j'ai consenti au voyage du capitaine Châtel à Bâle pour s'instruire de l'état des choses en France.

Je n'aurais pu donner suite à votre demande d'armistice du 8 jusqu'au retour de cet officier sans perdre les fruits de ma prise de possession des Perches. Mais j'ai ralenti mon feu[1], dans l'attente du prochain retour du capitaine Châtel. Ce retour, tant qu'il est en ma connaissance, n'a pas encore eu lieu.

Je ne puis attendre plus longtemps sans négliger la mission qui m'a été donnée. Je vais donc recommencer mon attaque de la façon la plus énergique. Je sais que mes nouveaux moyens d'attaque[2] coûteront énormément de sang, et que par suite beaucoup de personnes civiles seront atteintes. Je considère donc comme mon devoir, avant de recommencer mon attaque, et je vous prie de rechef de vouloir bien peser si maintenant le temps n'est pas venu où vous pourriez avec honneur me rendre la place.

Je me suis établi sur les Perches, et je possède les moyens nécessaires pour détruire le Château. Il n'y a plus à compter aujourd'hui sur une levée du siège. Non-seulement suivant mon opinion, mais aussi suivant l'avis d'autorités françaises, comme selon le jugement qui a été porté le 10 mars 1869, sous la direction du général Frossard, par une commission réunie à cet effet, le Château ne pourra pas résister longtemps aux batteries établies sur les Perches, et, comme s'exprime

---

[1] C'était faux, le feu n'avait fait que croître depuis le 4 février.

[2] 60 pièces en batterie sur les Perches, dont 40 du plus gros calibre, qui, par leur feu, allaient protéger les travaux de sape dirigés contre le Château (WOLFF).

la commission, la prise du Château terminera toute résistance. Il m'a été tracé un chemin que je suis forcé de suivre. Belfort n'est plus à sauver pour la France.

Il dépendra donc maintenant de vous seul d'éviter, par la conclusion d'une capitulation honorable, une plus longue effusion de sang, et je suis tout disposé, *en considération de votre défense jusqu'ici si héroïque,* à vous faire des conditions favorables. Je suis obligé de m'en rapporter à vous pour savoir s'il vous conviendra d'accepter ma proposition. Mais, d'un autre côté, ce sera aussi sur vous que retombera la responsabilité, dans le cas où vous m'y contraindriez, de réduire Belfort en un monceau de cendres et d'ensevelir les habitants sous les décombres.

Je ne compte pas sur une réponse précise, mais j'attendrai douze heures avant de recommencer mon attaque renforcée. Si d'ici là je ne reçois pas de vous une proposition acceptable, je ne reculerai pas devant les mesures les plus extrêmes, sachant que ce seul chemin m'est tracé pour accomplir ma mission.

Denfert ne fit pas à cette missive l'honneur d'une réponse.

CHAPITRE VI

REDDITION DE BELFORT

(15 – 18 février 1871)

A peine le général von Treskow venait-il d'envoyer sa sommation au colonel Denfert, qu'il reçut de M. de Bismarck la dépêche suivante, datée du 13 février.

Le gouvernement français à Paris m'envoie pour le commandant de Belfort le télégramme suivant, que je vous prie de lui faire parvenir par un parlementaire.

« Le commandant de Belfort est autorisé, vu les circonstances, à consentir à la reddition de la place. La garnison sortira avec les honneurs de la guerre et emportera les archives de la place. Elle ralliera le poste français le plus voisin. »

Pour le ministre des affaires étrangères,

Signé : PICARD.

Contre-signé : BISMARCK.

Le général von Treskow se hâta de faire parvenir cette dépêche au colonel Denfert, espérant que celui-ci allait rendre la place immédiatement. Il fut trompé dans son attente. Denfert lui fit signifier, par le capitaine Krafft, qu'il ne s'en rapportait pas à une dépêche de cette importance transmise par l'ennemi. Von Treskow menaça de rouvrir le feu ; mais comme sa menace ne fit pas d'effet, il se résigna à signer une convention, qui stipulait une suspension d'armes, pendant laquelle le capitaine Krafft irait à Bâle demander au gouvernement de Bordeaux un avis direct au sujet de la reddition de la place.

Le capitaine Krafft partit pour Bâle, et à huit heures et demie du soir le feu fut suspendu. Le dernier coup de canon de cette guerre désastreuse et de ce siège héroïque fut tiré par le brave maréchal des logis Huyghes, si dévoué pendant cette longue lutte.

La conclusion de l'armistice fut annoncée par la cessation du bruit de la canonnade. Dès le matin du 14 février, on sortit des caves, et quelques-uns témoignèrent par leurs chants dans les rues une joie grossière.

Il était temps que les misères de la population et de la garnison finissent. Le séjour dans les caves pour les uns, dans de mauvais abris pour les autres, devenait intolérable, et il avait fallu la volonté inflexible du gouverneur, sa main de fer, et le dévouement absolu de ses principaux lieutenants pour prolonger la résistance aussi longtemps.

Les rues étaient pleines de débris à un mètre de hauteur ; toutes les maisons trouées, quelques-unes brûlées, tous les toits détruits, les cheminées renversées ; l'église criblée de 1500 obus, l'hôtel de ville de 200, le théâtre brûlé ; les faubourgs en partie incendiés. Le Château était bouleversé ; une partie de ses murs renversés, tous les

Évacuation de Belfort par les troupes françaises.

abris détruits; mais les pièces étaient toujours sur roues.
Les Prussiens furent stupéfaits quand ils virent partout nos
canons encore en état de faire feu.

La place avait encore des vivres pour 50 jours, des cartouches, de la poudre, des canons, des obus, et les Prussiens conviennent que les travaux de siège qu'ils avaient à
faire pour forcer la place à capituler, auraient encore exigé
au moins quatre ou cinq semaines [1].

Le capitaine Krafft trouva à Bâle le capitaine Châtel,
qui avait télégraphié au gouvernement de Bordeaux, lequel ne lui avait pas répondu. Le 14 février, le capitaine
Krafft envoya une dépêche pressante, qui ne reçut pas non
plus de réponse. Le consul de France à Bâle fut enfin
avisé, par un télégramme de Paris, que la dépêche du
13, communiquée par le général von Treskow au colonel
Denfert, était authentique.

Les envoyés du gouverneur revinrent à Belfort, le 15,
et Denfert informa le général von Treskow qu'il était
prêt à lui rendre la place « sur l'ordre de son gouvernement ».

Le colonel chargea le commandant Chapelot et le capitaine Krafft de se rendre à Pérouse, où la convention
devait se signer.

« Il fallut de longs débats pour faire insérer, en tête de
la convention, que la place était rendue aux troupes allemandes en vertu des ordres du gouvernement français. Ce
point était important pour bien spécifier la nature de la
remise de la place. Le gouverneur avait donné à cet égard

---

[1] Wolff, t. II, p. 321.

des ordres formels. Aussi les plénipotentiaires allemands durent-ils céder sur ce point [1]. »

Denfert avait exigé que la garnison sortît tout entière avec armes et bagages, avec tout le matériel qu'elle pourrait emmener, et qu'elle conservât le droit de reprendre part à la guerre si la paix n'était pas signée. Von Treskow accorda volontiers cet article, suivant les ordres qu'il avait reçus, et déclara que cette concession était faite à la garnison « en raison de sa belle défense. »

Denfert refusa les honneurs de la guerre, qu'on accorde à une garnison qui a capitulé. Il fut convenu que les troupes sortiraient de Belfort comme pour un changement de garnison. Malheureusement, faute de chevaux, on ne put emmener qu'une batterie de 6 pièces, et on fut obligé d'abandonner presque tout le matériel.

Il fut impossible à Denfert d'obtenir que la population fût exempte de charges militaires après l'occupation de la ville par les Allemands. Le général von Treskow déclara qu'il n'avait de pouvoirs que pour traiter les questions militaires. On ne manqua pas d'accuser le colonel d'avoir sacrifié la population civile de Belfort. Pouvait-il cependant rompre les négociations et continuer la guerre sur le refus invincible du général allemand ?

La convention fut signée le 16. Aussitôt Denfert ordonna que ses troupes sortiraient en onze colonnes, et dès le 17 quelques-unes quittèrent la ville ; le 18, Belfort était évacué. En partant, le colonel adressa à la ville et à la garnison la proclamation suivante :

---

[1] *La défense de Belfort*, p. 416.

Citoyens et soldats,

Le gouvernement de la Défense nationale m'a donné, en vue des circonstances, l'ordre de rendre la place de Belfort. J'ai dû en conséquence traiter de cette reddition avec M. le général de Treskow, commandant en chef de l'armée assiégeante.

Si les malheurs du pays n'ont pas permis que la résistance vigoureuse offerte par la garnison, la garde nationale et la généralité de la population, reçût la récompense qu'elle méritait, nous avons pu du moins avoir la satisfaction de conserver à la France, la garnison qui va rallier, avec armes et bagages, et libre de tout engagement, le poste français le plus voisin.

Connaissant l'esprit qui anime les habitants de la ville au milieu desquels je demeure depuis plusieurs années, je comprends mieux que personne l'amertume de la situation qui leur est faite. Cette situation est d'autant plus pénible, qu'on prétend nous faire craindre, qu'au mépris des principes et des idées modernes, le traité de paix que nous allons subir ne consacre, une fois de plus, le droit de la force, et n'impose à l'Alsace tout entière la domination étrangère.

Mais je reste convaincu que la population de Belfort conservera toujours les sentiments français et républicains qu'elle vient de manifester avec tant d'énergie. En consultant, du reste, l'histoire même du siècle présent, elle y puisera la légitime confiance que la force ne saurait longtemps prévaloir contre le droit.

Vive la France! Vive la République!

En même temps le colonel Denfert envoyait à M. Mény la lettre qu'on va lire :

Au moment de quitter la place de Belfort, je tiens à vous témoigner toutes les satisfactions que j'ai éprouvées de votre admirable conduite pendant le siège. Vous vous êtes montré véritablement maire, donnant à tous l'exemple du dévouement, visitant les populations dans les caves, veillant à leurs besoins et faisant tout ce qui était en votre pouvoir pour alléger les souffrances de chacun. Vous avez su, en outre, assurer la marche régulière des services civils, comme en temps ordinaire. Je ferai tout ce qui sera en mon pouvoir pour que vous receviez du gouvernement la légitime récompense que vous méritez. En attendant, vous avez la reconnaissance de vos concitoyens et de la garnison, qui vous assurera une page glorieuse dans l'histoire du siège.

Le colonel Denfert partit de Belfort à la tête d'une colonne composée des troupes de l'artillerie et du Génie, et se dirigea sur Lyon, où il allait ramener les bataillons de mobiles du Rhône. Il avait pris toutes ses mesures pour éviter d'être surpris, pendant sa marche, si les hostilités recommençaient, et pour être en état de prendre part aussitôt à la lutte.

Partout sur leur passage, Denfert et ses soldats étaient accueillis par les vivats des populations. On leur jetait des bouquets, des couronnes ; on élevait à la hâte des arcs de triomphe en feuillage. On était heureux de voir enfin des Français non battus. Le conseil municipal de Lyon s'apprêtait à fêter le retour des mobiles du Rhône.

Le gouvernement de M. Thiers prit ombrage de cette marche triomphale et de la popularité du colonel Denfert, et, quand il arriva à Bellegarde, il reçut l'ordre d'aller à Grenoble, où son corps d'armée fut aussitôt dissous (9 mars). Les mobiles furent renvoyés dans leurs foyers, et les troupes de lignes dirigées sur leurs dépôts.

Avant de quitter ses compagnons d'armes et de gloire, Denfert adressa trois ordres du jour : aux gardes nationaux mobilisés du Haut-Rhin, aux troupes du Génie et de l'artillerie de la ligne, et au reste de la garnison. Nous citerons l'ordre du jour adressé aux soldats du Génie et de l'artillerie.

Avant de quitter la compagnie de mineurs du 2ᵉ régiment du Génie et les cinq demi-batteries d'artillerie de l'armée régulière qui ont pris part à la défense de Belfort, le commandant supérieur qui a dirigé cette défense tient à leur exprimer sa reconnaissance pour la manière dont elles ont satisfait à la rude tâche qui leur était assignée. C'est surtout à la fermeté dont ont fait preuve les artilleurs sous le feu de l'ennemi, à la vigueur avec laquelle ils ont répondu à ce feu, au talent déployé par les officiers d'artillerie pour couvrir ou masquer leurs pièces, qu'a été due la lenteur des progrès des attaques ennemies.

C'est à l'énergie des sapeurs du 2ᵉ régiment, à l'exemple qu'ils ont donné au reste de la garnison, à la vigoureuse impulsion de leurs officiers, que nous avons dû la construction relativement rapide des nombreux abris créés sur tous les points de la place, et qui, en réduisant nos pertes, ont permis, malgré la violence du bombardement, d'offrir une résistance que l'ennemi n'était pas encore en mesure de briser au moment de la reddition de la place, au bout de cent trois jours de siège.

Malgré tous vos efforts, les malheurs de la Patrie ont obligé la place de Belfort à subir la souillure de l'étranger; mais du moins elle nous est conservée, et elle pourra dans l'avenir nous servir de boulevard contre de nouvelles attaques, et nous aider à préparer la revendication de l'intégrité de notre territoire.

En attendant ce moment, que votre cri de ralliement soit :

Vive la France et vive la République !

· Le 29 mars, Denfert partait pour Versailles rendre

compte au gouvernement des faits de son commandement. On verra plus loin quel accueil on lui fit.

Il faut revenir à Belfort, parler de ses pertes, de ce que le siège avait coûté, et enfin de l'occupation prussienne.

La garnison perdit 2500 hommes tués par l'ennemi ou morts aux hôpitaux des suites de leurs blessures ou de maladie ; au départ il y avait encore dans les hôpitaux 1600 malades ou blessés. Les Prussiens nous avaient fait 800 prisonniers, et 100 mobiles avaient déserté. Denfert n'emmena avec lui qu'un peu plus de 11,000 hommes.

La population civile eut 262 morts, dont 50 tués par les obus. 34 maisons furent incendiées dans la ville ; 164 dans les villages voisins ; 22 avaient été détruites par le Génie pour la défense de la place. La valeur des pertes matérielles s'élevait à 2,762,000 francs pour la ville, et à 2,294,000 francs pour les villages, total : 5,056,000 francs.

La ville, les faubourgs, les villages et les forts ont reçu au moins 450,000 obus, quoi qu'en disent les Prussiens. Après le siège, ils ont vendu plus de 11 millions de kilogrammes de fonte et de plomb, ramassés dans les décombres et provenant des débris de leurs projectiles ; cette vente atteste combien les chiffres cités dans les documents français sont exacts.

La place a tiré 86,200 projectiles de toute espèce, et brûlé 200,000 kilogrammes de poudre et 1,200,000 cartouches. Il restait à Denfert 20,000 obus oblongs, qu'il réservait pour le combat des derniers jours.

Les pertes des Prussiens furent, disent-ils, de 3000 hommes tués ou blessés, et de 300 hommes morts de maladie. Etant donné le nombre considérable de malades qu'ils ont eus, ce dernier chiffre paraît bien peu vraisemblable, et est en contradiction avec le surnom de Fabrique de cadavres donné à leurs lignes.

Les Allemands entrèrent à Belfort aussitôt après le départ de la dernière colonne française, qui emmenait tous les malades et blessés qui pouvaient encore se traîner. Les habitants restèrent enfermés chez eux ; personne ne se trouva sur le passage des troupes étrangères. La ville à moitié détruite, les rues jonchées d'une couche de débris d'un mètre d'épaisseur, l'absence de toute la population, donnaient à Belfort l'aspect d'une ville morte.

« Le lieutenant général von Treskow, lisons-nous dans l'ouvrage du capitaine Wolff[1], fit son entrée à deux heures de l'après-midi, par la porte du Vallon ; des députations de toutes les troupes du corps de siège étaient venues à sa rencontre.

» Un service en actions de grâces fut célébré dans le camp retranché, au pied du fort de la Miotte. Quand il fut terminé, le général von Treskow acclama S. M. l'Empereur et les princes alliés ; en même temps le drapeau prussien fut hissé au Château et salué par le bruit des canons conquis. »

Les Allemands furent frappés de l'aspect des forts redoutables de la place, dont les murs étaient taillés dans le roc, du tableau effrayant de dévastation que présentaient la ville et surtout l'intérieur du Château.

Aussitôt que les troupes eurent défilé devant le général,

---

[1] Tome II, page 315.

Belfort pendant le départ des Prussiens.

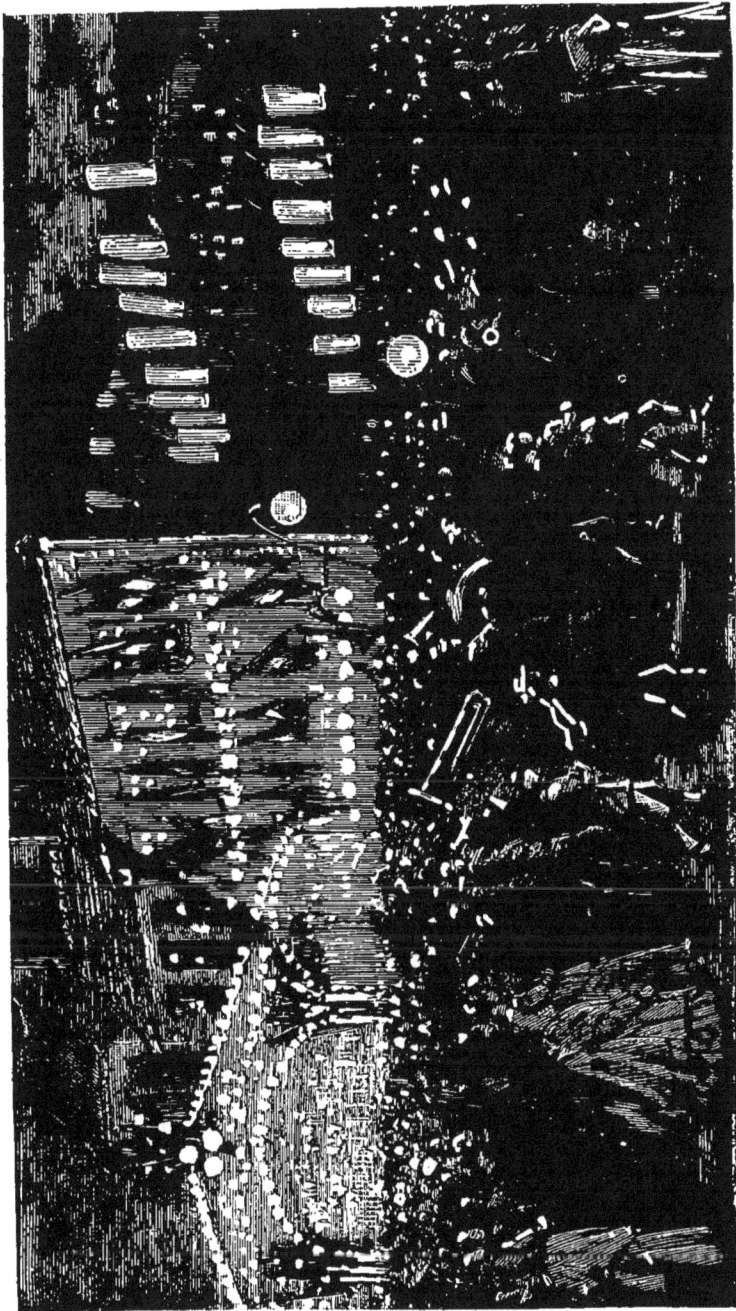

Belfort à la rentrée des Français.

sur la place de l'Église, les 5000 Allemands qui formaient la nouvelle garnison de Belfort, s'installèrent chez l'habitant, et von Treskow publia une « ordonnance de police », rédigée dans ce style brutal dont beaucoup de villes françaises ont conservé le souvenir. On y lit entre autres choses :

> Toutes les ordonnances du commandant seront rendues uniquement en langue allemande; elles ne sont pas moins exécutoires pour les habitants ne parlant pas cette langue. S'il s'agit d'affaires communales, elles peuvent être traduites s'il est nécessaire.

Suivaient les menaces, les mesures de rigueur qui forment le fond ordinaire de toutes les proclamations adressées aux villes occupées par les Allemands. Le commandant impérial-royal daignait prévenir ses administrés que les réquisitions ne seraient opérées « qu'avec son agrément. » On ne fut cependant qu'à moitié rassuré.

L'occupation fut dure, comme partout. Le 22 mars, jour de la fête de leur empereur, les Prussiens furent dans une joie délirante. Une masse d'ivrognes poussait de sauvages clameurs dans les rues, surtout devant un portrait du roi Guillaume, accroché à une fenêtre. Aux hourras répondaient coups de canon et coups de fusil. D'autres chantaient et prouvaient que l'Allemagne n'est pas toujours la terre sacrée de la musique ; d'autres insultaient ou battaient les femmes ; quelques-uns enfin conduisaient en prison un habitant qui avait crié : à bas les Prussiens !

CHAPITRE VII

PAIX DE FRANCFORT

RENTRÉE DES FRANÇAIS A BELFORT
MORT DU COLONEL DENFERT

Le 26 février, les préliminaires de la paix furent signés à Versailles. Belfort restait à la France. Si M. Thiers avait pu obtenir ce grand résultat, c'était incontestablement au colonel Denfert qu'il le devait, car il est bien évident que si les Prussiens avaient forcé Belfort à capituler, jamais M. de Bismarck n'aurait consenti à le rendre à la France. Il était convenu que la France paierait une indemnité de 5 milliards à l'Allemagne, et que les territoires français occupés par les troupes allemandes seraient évacués au fur et à mesure du paiement des cinq milliards. Six départements de la frontière et Belfort devaient rester occupés jusqu'à l'entier paiement de l'indemnité.

Le 28 février, M. Thiers, revenu à Bordeaux, lisait à l'Assemblée le texte des préliminaires de paix, et, le lendemain, 1er mars, il mit fin à la discussion en disant nettement qu'il ne fallait pas se payer de mots, que la guerre était impossible. L'Assemblée accepta le traité par 546 voix contre 107, et, ce même jour, elle prononça justement la déchéance du gouvernement impérial, « auteur responsable des désastres qui la forçaient à accepter cette paix cruelle. »

Les préliminaires de Versailles ne constituaient pas la paix définitive ; ils posaient simplement les bases sur lesquelles on devait rédiger le traité. Bruxelles fut choisi pour être le siège des négociations, qui fut bientôt transporté à Francfort, où la paix fut signée le 10 mai 1871. La limite déterminée par les préliminaires de Versailles était modifiée. La France obtenait autour de Belfort un territoire assez étendu, de sorte qu'il nous reste encore du département du Haut-Rhin 60,826 hectares et 57,000 habitants, dont on a formé le territoire ou arrondissement de Belfort. En échange, on donnait à l'Allemagne 10,000 hectares et 7000 habitants enlevés à la partie qui nous restait du département de la Moselle. Ce territoire est riche en mines de fer, et il était douloureux de transformer en Allemands sept mille citoyens français ; mais l'importance militaire du territoire acquis autour de Belfort l'emporta sur toute autre considération.

Belfort fut enfin évacué le 5 avril 1873, et les troupes françaises y firent leur rentrée ce même jour. Au départ des Prussiens, les habitants étaient restés enfermés chez eux, fenêtres closes ; Belfort avait repris l'aspect de ville morte qu'il avait eu à leur entrée. A l'arrivée des Français, ce fut au contraire une joie générale ; des fêtes, des illuminations célébrèrent le retour du drapeau tricolore. Partout en France aussi, on se réjouit, comme à Belfort, de voir enfin cette grande position militaire redevenue française.

Notre nouvelle frontière avait enfin sa droite assurée ; on pouvait dès lors, en s'appuyant sur elle, défendre les lignes de la Moselle et de la Meuse, élever : la nouvelle place d'Epinal, sur la haute Moselle, — le camp retranché de Nancy [1] et celui de Toul, sur la Moselle, et couvrir ainsi la route de Strasbourg à Châlons, — le camp retranché de Verdun, sur la Meuse, pour fermer la route de Metz à Châlons, et défendre ainsi l'entrée des plaines de la Champagne. On a pu construire, dans ces plaines si favorables à l'invasion par la disposition en éventail des cours d'eau qui les traversent et convergent sur Paris, les forts de Reims et de Nogent-sur-Seine, et opposer enfin à l'ennemi un boulevard gigantesque, celui de Paris, avec les 94 bastions de l'enceinte, les 17 forts existant en 1870 et les 43 forts ou batteries de la nouvelle ceinture avancée.

Il faut le redire : c'est parce qu'on a conservé Belfort, que la frontière du nord-est a pu être reconstituée. En effet, l'Allemagne, maîtresse de Belfort, tournait par le sud les lignes de la Moselle et de la Meuse, rendait inutiles toutes les places qu'on aurait élevées sur ces cours d'eau, et arrivait sans obstacle jusqu'à Langres [2].

---

[1] Il n'est pas encore achevé (1882).
[2] C'est évidemment dans le but d'empêcher le rétablissement de notre frontière, après la guerre, que la Prusse avait voulu s'emparer à tout prix de Belfort, car elle n'en avait nul besoin pour accomplir ses opérations, et elle n'avait commencé le siège que deux mois après l'ouverture des hostilités.

Le gouvernement de M. Thiers cependant avait traité les victorieux défenseurs de Belfort avec une malveillance singulière. Nous avons déjà dit que le colonel Denfert se portait avec sa garnison sur Lyon, d'après l'ordre qu'il avait reçu. A la nouvelle de sa prochaine arrivée, le conseil municipal prépara à ces braves soldats une ovation bien méritée. A deux marches de Lyon, l'ordre fut donné à Denfert de changer de direction et d'aller à Grenoble, où son petit corps d'armée fut licencié. Arrivé à Versailles, le colonel Denfert demanda trois fois audience à M. Thiers, et ses trois lettres restèrent sans réponse [1]. Cependant le président de la République était tenu d'exécuter l'article 257 du Règlement sur le service des places de guerre [2], article ainsi conçu :

RÉCOMPENSE ACCORDÉE POUR UNE DÉFENSE HONORABLE.

Tout officier commandant une place qui, après un siège, l'aura conservée contre les efforts de l'ennemi, ou qui, suivant la déclaration du conseil d'enquête, ne l'aura rendue qu'après l'avoir énergiquement défendue en homme d'honneur et en sujet fidèle, sera présenté à l'Empereur par le ministre de la guerre, pour recevoir, en présence des troupes, la récompense due à ses services. La même faveur sera accordée aux chefs de corps et de service, et aux militaires qui se seront signalés dans la défense...

Les batteries et les ouvrages extérieurs des places de guerre

---

[1] Le fait est certain, quelque invraisemblable qu'il puisse paraître, et l'on ne peut expliquer la malveillance manifestée contre Denfert et les officiers qu'il avait proposés pour l'avancement, que par de misérables haines de parti. Denfert avait manifesté ses opinions républicaines, ce qui alors était un crime.

[2] Décret du 13 octobre 1863.

recevront les noms des officiers commandants et des militaires sous leurs ordres qui se seront honorés dans la défense des places[1].

Les citoyens qui se seront distingués en concourant à cette défense, recevront également des témoignages publics de la satisfaction de l'Empereur.

Le chef de l'Etat s'affranchit de ce devoir qui lui était prescrit par la loi, et ne tint aucun compte des demandes d'avancement faites par le colonel Denfert pour cinq officiers qui s'étaient surtout distingués pendant le siège. L'un d'eux même, le capitaine Perrin, nommé par Denfert chef de bataillon à titre définitif et réglementaire, fut remis capitaine par la Commission des grades[2]. Les cinq officiers proposés, capitaines ou chef de bataillon, avaient obtenu leur grade au moment de la guerre. Ils étaient donc peu anciens à la fin du siège ; mais ils avaient rendu tant de services, que la justice, à défaut de la bienveillance, exigeait qu'on leur accordât l'avancement exceptionnel que le colonel Denfert demandait pour eux. Malheureusement la passion politique l'emporta sur l'équité ; ils étaient républicains, et ne trouvèrent pas grâce devant la réaction.

Quant à Denfert, la Commission n'osa pas lui enlever le grade de colonel que M. Gambetta lui avait donné ; mais elle ne fit dater sa nomination que du 1er janvier

---

[1] Le nom de Denfert a été donné en effet à l'un des ouvrages de Belfort, mais au plus insignifiant.

[2] Décision du 6 octobre 1871. Le capitaine Perrin fut cependant nommé officier de la Légion d'honneur le 20 novembre 1872 ; il prit sa retraite, étant toujours capitaine, le 30 avril 1875.

1871, au lieu du 19 octobre 1870, et le plaça sur la liste des colonels du Génie le 26°, tandis qu'il aurait été le 18°,

Statue du colonel Denfert à Saint-Maixent.

si on avait adopté la date de sa nomination. Plus tard, ces huit rangs perdus devaient retarder sa nomination au grade de général de brigade.

Aussitôt après le licenciement de son corps d'armée, le

Le lion de Belfort.

ministre[1] mit Denfert en non-activité par suppression d'emploi. Quelque temps après, on lui fit offrir la position de directeur du Génie à Ajaccio, poste d'une infériorité notoire. Cette offre, qui avait tous les caractères d'une disgrâce, fut refusée par le colonel : il répondit qu'il préférait rester en non-activité.

Le 19 avril 1871, un arrêté du président de la République accordait cependant à la garnison de Belfort : 1 croix de commandeur pour Denfert; 13 croix d'officiers, 67 croix de chevaliers et 169 médailles militaires[2]. La population de Belfort reçut aussi des récompenses honorifiques. M. Mény fut nommé officier de la Légion d'honneur ; quelques médecins, le capitaine des pompiers et M. Stéhelin reçurent la croix de chevalier; onze médailles militaires furent accordées aux pompiers.

Le gouvernement avait donné à Denfert une récompense trop modeste, incontestablement insuffisante ; la France plus juste, lui témoigna sa reconnaissance en le nommant député, et la Chambre en le nommant questeur. A sa mort, arrivée en 1878, on lui fit de splendides obsèques à Versailles ; on lui éleva une statue à Saint-Maixent, sa patrie, une autre à Montbéliard où il est enterré. Bartholdy sculpta sur le rocher de Belfort le lion colossal qui rappelle la défense de la ville, et Paris a fait élever, sur l'une de ses places une reproduction du lion de Belfort.

---

[1] Général Le Flô ; le sous-secrétaire d'Etat était alors le général Valazé.

[2] *Journal officiel* du 19 avril.

L'Histoire consacrera le jugement des contemporains sur le colonel Denfert ; elle dira que celui qui a conservé Belfort à la France a bien mérité de la Patrie.

FIN.

BIBLIOGRAPHIE

La défense de Belfort écrite sous le contrôle de M. le colonel Denfert-Rochereau, par MM. Edouard THIERS, capitaine du Génie, et S. DE LA LAURENCIE, capitaine d'artillerie, anciens élèves de l'Ecole polytechnique, de la garnison de Belfort, avec cartes et plans. — Paris, Le Chevallier, 1871, 1 vol. in-8°.

Le siège de Belfort, par M. MÉNY. — Belfort, Morlot, 1871, 1 vol. in-12.

Le siège de Belfort, par Léon BELIN, de l'état-major du gouverneur de la place, avec portrait du colonel et carte. — Paris, Berger-Levrault, 1871, 1 vol. in-12.

Le siège de Belfort, par FAVRET, journal paraissant les mardis, jeudis et samedis. Nouvelle édition revue et augmentée, enrichie de 4 cartes et d'un plan de la ville après le bombardement. — Belfort, Pélot, et Lyon, Lapierre (s. d.), 1 vol. in-4° (10 novembre 1870, mai 1871).

Ce journal, hostile aux idées républicaines et au colonel Denfert, renferme dans ses numéros, de mai surtout, toutes les attaques lancées contre le colonel et son état-major. — On y trouve, dans les numéros 20, 21, 23, 24, 25, 26, 28, 36, 39, 41, 42, 43, 45 et 46, le récit du siège de Belfort en 1813-1814.

Etude technique sur le service de l'artillerie dans la place de Belfort pendant le siège de 1870-1871, par Sosthènes DE LA LAURENCIE, capitaine au 22e d'artillerie, écrite sur l'invitation du colonel Denfert-Rochereau, avec 8 planches lithographiées. — Paris, Berger-Levrault, 1872, 1 vol. in-8°.

Les sièges de Paris et de Belfort en 1870-1871. Etude militaire par le comte DE GELDERN, capitaine du Génie autrichien, traduite de l'allemand par Grillon, capitaine du Génie. — Paris, Dejey, 1873, 1 vol. in-8° avec carte.

De l'influence exercée par l'artillerie rayée dans la défense des places, d'après l'exposé de la défense de Belfort en 1870-1871, par Edouard THIERS, capitaine du génie, avec carte. — Paris, Tanera, 1874, 1 vol. in-12 (Réunion des officiers).

Le siège de Belfort en 1870-1871, rédigé par ordre de l'inspection générale du corps du Génie prussien et d'après les documents officiels par Paul WOLFF, capitaine du Génie, traduit de l'allemand par Bodenhorst, capitaine au 1er régiment d'artillerie belge. — Bruxelles, Guyot, 1877, 2 vol. in-8° avec plans.

La guerre franco-allemande de 1870-1871, rédigée par la section historique du grand état-major prussien. Traduction par le capitaine COSTA DE SERDA, de l'état-major français. — Paris, Dumaine, 1874 et années suivantes. — Les deux cartes de Belfort et des environs de Belfort sont très remarquables.

TABLE DES CHAPITRES

TABLE DES GRAVURES

VERSAILLES, IMPRIMERIE CERF ET FILS, RUE DUPLESSIS, 59.

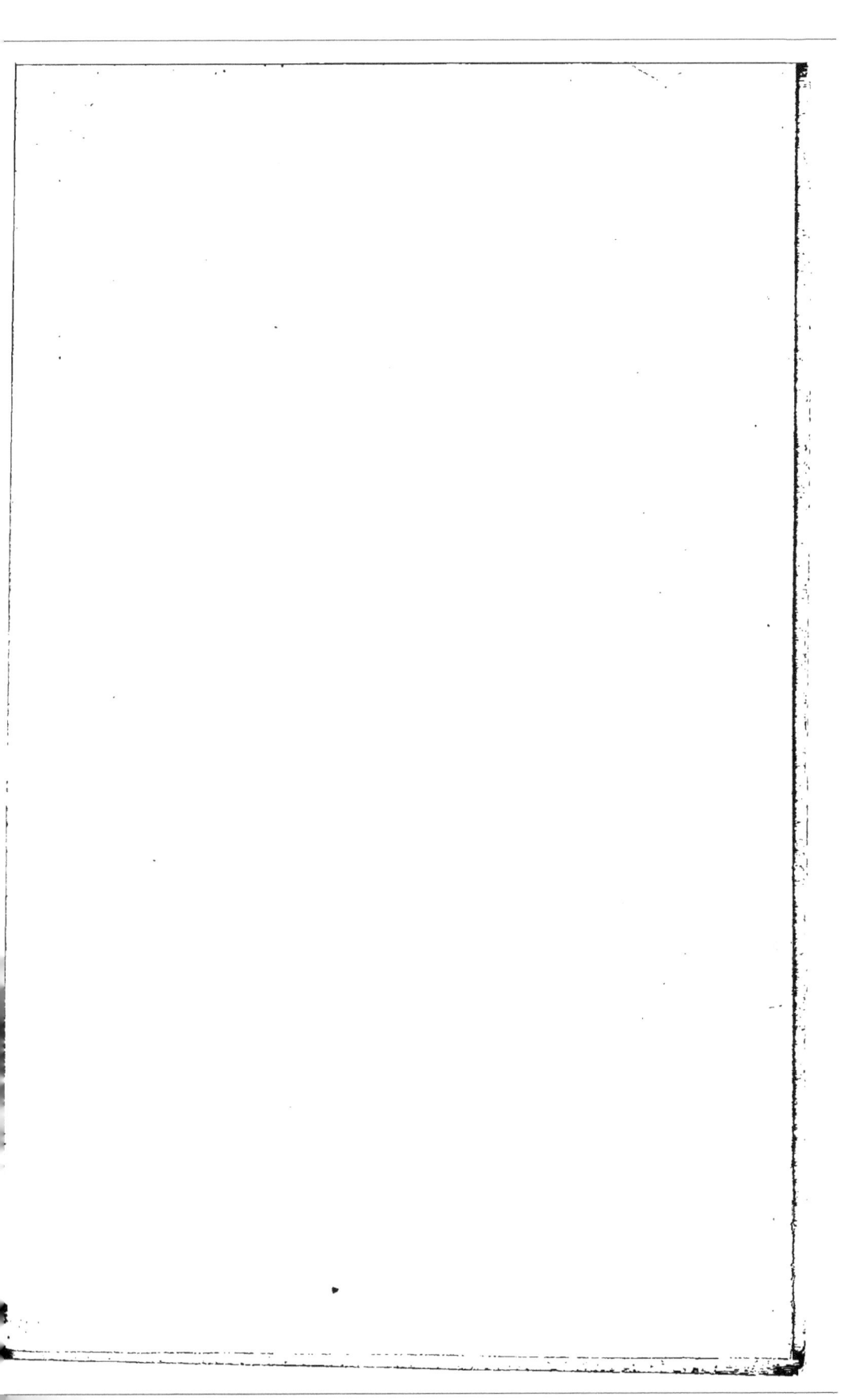

LIBRAIRIE LÉOPOLD CERF

13, RUE DE MÉDICIS, 13

NOUVELLE COLLECTION ILLUSTRÉE

A 1 FR. LE VOLUME

(Ouvrages devant paraître pour le mois de juin)

~~~~~~~~~~~~~~~

Le Siège de Belfort, par L. DUSSIEUX, professeur honoraire à l'École Saint-Cyr.

Tableau de la littérature anglaise, par Léon BOUCHER, professeur à la Faculté des Lettres de Besançon.

Les Races humaines, par Abel HOVELACQUE, professeur à l'École d'anthropologie.

L'Espagne des Goths et des Arabes, par Léon GELEY, professeur au Lycée de Vanves.

Les Basques et le pays basque, par Julien VINSON, professeur de l'Enseignement supérieur à Paris.

L'Arménie et les Arméniens, par J.-A. GATTEYRIAS.

L'Armée romaine, par Léon FONTAINE, professeur à la Faculté des Lettres de Lyon.

La Monnaie, *histoire de l'or, de l'argent et du papier*, par A. DALSÈME, ancien élève de l'École polytechnique.

Les grandes Époques du commerce de la France (1re partie), par H. PIGEONNEAU, professeur à la Faculté des Lettres de Paris.

VERSAILLES. — IMPRIMERIE CERF ET FILS, 59, RUE DUPLESSIS.

www.ingramcontent.com/pod-product-compliance
Lightning Source LLC
Chambersburg PA
CBHW052100090426
42739CB00010B/2256